明治図書

「見取り」と「評価」が

ゼロからわかる

スクールフィードバック入門

佐々木紀人

はじめに

ズバリ，お聞きします。フィードバックって何でしょうか？

今や，当たり前のように使われるフィードバックという言葉ですが，実は，多くの方がこの質問に答えられないことがわかっています。

そんなフィードバックについて，本書を読むことによって，以下の5つの成長が見込まれます。

① 「フィードバック」に関する知識の習得
② 「スクールフィードバック」の実践方法の習得
③ 「観」（教師としての見方・考え方）が教育に与える影響の理解
④ 「見取り」の理解と感度の向上
⑤ 「可視化の技術」（見えないものを見る技術）の習得

現在，フィードバック研究の進展は目覚ましく，次々と新たな成果が発表されています。

そんな中で，本書は，これまでの研究成果で明らかになっているフィードバックの概念を，現在の教育政策や学校の実態，自らの経験に基づいて捉え直し，「スクールフィードバック」という学校教育に特化したフィードバックを提唱しています。

ただし，今は，「今日の正解が明日の不正解」となるほど急速に変化している時代ですので，本書を含め，「これがフィードバックだ！」と言い切れるものは1つもないことはご理解ください。

ところで，私がフィードバックに興味をもつに至った経緯は，今，日本中の学校で熱心に取り組まれている「学習評価」に由来します。

学習指導要領が育成を目指す「資質・能力の三つの柱」を確実に育成するためには，学習評価の充実とその実質化が欠かせません。

学習評価に関しては，国立教育政策研究所が『「指導と評価の一体化」のための学習評価に関する参考資料』（以下，"参考資料"）を発行し，評価規準の作成方法や評価の例などを驚くほど丁寧に示しています。

　私は，この参考資料の理念を充実・実質化するための１つのカギとなるのが，フィードバックだと思っています。

　学校におけるフィードバックとは，教師と子供の間で繰り広げられる「やり取りの循環プロセス」のことです。

　どんなに立派な目標と指導と評価を計画しても，それを真に一体化させるためには，教師と子供のやり取りであるフィードバックが介在しなくては実現しないのです。

　学習評価においては，１つ疑念を抱いていることがあります。

　それは，そもそも評価を行う「教師の目」が正しくなければ，「指導と評価の一体化」の前提が崩れてしまうということです。

　この問題は深刻です。

　教師の見方・考え方は多様であるべきですが，意地悪な見方や狭量な考え方に基づいていては，教育は成り立ちません。

　いまだに，体罰をしたり，理不尽に厳しいルールを押し付けたり，いじめと言われても仕方がないような不適切な指導をする教師が後を絶たないのは，望ましい「教師の目」をもっていないことも原因の１つでしょう。

　歌人の俵万智さんは，ご子息のことを次のように歌っています。

　「短所」見て長所と思う「長所」見て長所と思う母というもの
　　　　　　　　　　　　　『未来のサイズ』（KADOKAWA，2020）

なんて素敵な目をおもちなんでしょう。

　教師も，こんな目をもって子供に接せられたら，その子はどんなに幸せなことでしょうか。

　実は，スクールフィードバックを行うにあたって，絶対に必要なのが，こ

うした温かく優しい目をもつことなのです。

　温かく優しい目をもつから，子供を好意的に見取ることができます。好意的に見取るから，適切で前向きな目標と指導と評価の計画が立てられます。

　そして，こうした中でフィードバックを行うからこそ，学習評価が充実し，実質化されるのです。

　フィードバックは，よくロケットに例えられます。

　ロケットは，空に向かって真っ直ぐ飛んでいるように見えますが，実際には，空気抵抗やその他の条件によって，少しずつ軌道が曲がっています。

　しかし，ロケットのセンサーが機体・軌道のズレや揺れを鋭敏に感知し，絶妙に推進力を調整しながら軌道修正することで，真っ直ぐ飛んでいるように見えるのです。

　ロケットとセンサーの間で行われる情報のやり取りが，学校ではフィードバックであり，送られてくる信号を正しく読み取るのに必要なのが，学校では温かく優しい教師の目なのです。

　教育とは，最大公約数的に考えると，子供が目標に向かってよくなっていくことを期待して行う営みです。

　これを是とするならば，授業や活動の前後で子供がどう変化したのかを教師が把握し，それを子供に伝えて，子供の学びを推進したり修正したりしなくてはいけません。

　これがスクールフィードバックの本質です。

　学習評価を充実・実質化させるために，本書のテーマであるスクールフィードバックが皆様の参考になりましたら同慶の至りです。

　2023年7月

佐々木紀人

CONTENTS

はじめに

第1章

フィードバックとは？【解説編】

第2章

スクールフィードバックとは？【理論編】

第3章

スクールフィードバックを機能させる【補強編】

第4章

スクールフィードバックを支えるスキル【技術編】

まずは確認！絶対厳禁の指導キャラ5選

SCHOOL
FEED
BACK

00 学校崩壊寸前！青果学園のヤバイ先生たち

　皆さん，こんにちは。私は，教育コンサルタントのガーリックです。

　教育コンサルタントとは，学校の健全な発展をサポートするために，学校や先生に対し，教育に関するアドバイスをする仕事です。

　ひとくちに教育コンサルタントといっても，それぞれ専門があります。私の専門は，次の３つです。

　①教職員向けのフィードバック研修
　②教職員向けの見取り研修
　③教職員の悩みに寄り添ったメンタルサポート

　私はこれらの専門性を生かし，これまで数々の問題ある学校を建て直してきた実績があります。

　そんな私に，先日，地方都市にある私立青果学園という学校の校長先生から，こんな手紙が届きました。

　ガーリック様

　突然のお手紙をお許しください。私は昨年度から青果学園で校長をしているナガイモと申します。この度は，本校の窮状を救っていただきたく，すがるような思いで手紙を差し上げた次第です。

　本校は，地方都市にある小中一貫校です。恥ずかしながら，本校では近年，不登校や問題行動が激増し，その対応に苦慮しています。また，

放課後になると保護者から苦情の電話がひっきりなしにかかってきます。

　校長の私が見るに，どうもこの原因は，本校教師の児童生徒への対応の仕方に問題があるように思います。

　もしよろしければ，フィードバック研修がご専門のガーリック様に，本校のコンサルテーションをお願いしたいと考えています。そのためにも，まずは一度，本校を見学にきていただけませんでしょうか。

　何卒，ご検討の程，よろしくお願いします。

青果学園校長　ナガイモ

　凄腕として知られている私が，この申し出を断るわけにはいきません。

　私は，すぐに荷物をまとめて，青果学園の視察に行きました。

　学校に到着してまず気になったのが，学校のあちらこちらから聞こえる先生方の怒鳴り声です。

　そして，廊下ですれ違う児童生徒の顔に笑顔はなく，学校全体が暗くて嫌なムードに覆われているように感じました。

　さて，これから本格的に校内を見学しますが，どんな指導が展開されているのでしょうか。

　校長先生が言うように，問題は本当に先生たちにあるのでしょうか。

　まずはこの目で確かめましょう。

キャラ 01 「毒教師」ゴーヤ先生

	「毒教師」分析
特徴	・子供や保護者のことを嘲笑ったり，揶揄したりする。 ・自分のことはさておき，子供の失敗には容赦ない。 ・所かまわず子供や保護者の悪口を言い，職場にマイナスの影響を与える。
口癖	・何回言ったらわかるの？ 頭悪いんじゃない？ ・そんなことサルでもしないよ。動物以下だね。 ・もう，うんざり。もう，いい。私の前に二度と現れるな。 ・バカ！ アホ！ まぬけ！ ・民度が低い。

ゴーヤ先生の指導を見学

　3年1組の学級担任・ゴーヤ先生は，言葉巧みで，統率力があり，学級担任の経験も豊富です。

　ある日，何度も忘れ物をするトマト君を，いつものように叱りました。

　「何回言えばわかるの？ 人の話を聞いてんの？ バカじゃないの。ニワトリの方がまだマシ。もういい。マジうんざり。顔も見たくない」

　その日の放課後，案の定，トマト君の保護者から電話がかかってきました。ゴーヤ先生は，最初黙って話を聞いていましたが，途中から保護者の話を遮

って話し出しました。

「お母さん，強く言いすぎたのは本当です。すみませんでした。でもね，私，トマト君にはとても期待しているの。期待が強すぎて，思わずキツイ言葉になってしまったの。どうか，私の気持ちを理解してほしい」

ゴーヤ先生の情熱的で，口に油を塗ったような話しぶりに，保護者も「この先生に任せよう」と考えるようになりました。

ところが，それはちょっと違ったようです。ゴーヤ先生は電話を切った途端，「毒語」を爆発させました。

「これぐらいでいちいち電話をかけてくんな。このモンペ野郎。てめーのガキが忘れ物をしたから悪いんだろ。あー，キモい。あー，うぜー」

ゴーヤ先生が次々吐き出す「毒語」に，職員室の雰囲気は最悪です。

翌日の授業でのこと，ゴーヤ先生は子供たちに向かってこう言いました。

「いい年こいて，先生のことを親にチクるバカがいます。恥ずかしくないんでしょうか。要するに，自分は反省していないってことですよね」

当てつけがましく昨日のことを話すゴーヤ先生に，トマト君は悔しくて涙が溢れそうになりました。

Mr. ガーリックの見立て

ゴーヤ先生は，「毒語」を使うことで子供たちの心をえぐりながら，心理的に優位なポジションに立って指導をしたいのでしょうか。こうした先生の下では，子供たちがポジティブに動くようになることは難しく，人の顔色ばかりをうかがうようになる可能性があります。

ゴーヤ先生は，教師としての適切な「子供観」を有していないようです。適切な「子供観」に基づかない指導は害悪と言えます。なぜなら，それがあらゆる指導の出発点となるからです。ゴーヤ先生には，研修で「子供観」についてしっかり学んでもらいましょう。

「ネグレクト教師」ナス先生

「ネグレクト教師」分析	
特徴	・気に食わない子に対して，必要な指導をしない。 ・特定の子だけ指名をしなかったり，話しかけなかったり，無視したりする。 ・必要な称賛を行わない。 ・成長を価値付けない。
口癖	・あなたには何を言ってもムダだとわかりました。 ・じゃあ，もういいです。好きにしてください。 ・帰っていいよ。バイバーイ。 ・先生はもう知りませんので，どうぞご自由に。

ナス先生の指導を見学

　ナス先生は，この学校で生徒会を担当しています。冗談をよく言い，話も面白いので，子供からそれなりの人気があります。でも，怒った時の態度が冷たく，教師らしからぬ指導場面をよく目にします。

　その時はちょうど，運動会準備の真っ只中でした。生徒会は，開会式と閉会式の企画・運営というとても大事な役割を担っています。

　そんな中，事件が起きました。リレーの練習中，生徒会長の長ネギさんが他の子と接触して転倒し，足首をひねってしまったのです。その腫れはひど

く，保護者に連絡をして，すぐに病院に連れて行ってもらいました。

　結局，長ネギさんは，その日と翌日の2日間学校を休みました。すると，どうもナス先生の様子がおかしいのです。準備活動の打ち合わせに行っても，「あれ？　あなた，どなたでしたっけ？」と相手にしてくれません。

　長ネギさんが他の生徒会のメンバーから聞いた話では，ナス先生は生徒会のミーティングで，「会長たるもの，どんなことがあっても生徒会を休んではいけない。足が痛いのはわかる。でも，そこで頑張るから生徒会長なんだ！」と怒っていたそうです。

　長ネギさんは，何とか許してもらおうとナス先生のところに謝りに行きましたが，「べつに謝らなくてもいいよ。あなたの生徒会に対する思いはもうわかったから。だから，もう来なくていいよ。さよーならー」と冷淡に対応されました。

　運動会本番，長ネギさんは生徒会長なのになんの役割も与えられず，開会式と閉会式，ただ生徒会の待機場所に棒立ちしているだけでした。長ネギさんは，全校生徒と保護者の前で恥をかかせられ，泣きたい思いでした。

Mr. ガーリックの見立て

　ナス先生は，自分が行っている行為が「教育ネグレクト」だと気付いていないようです。本来であるなら，子供たちの活動を好意的に見取り，それについてフィードバックしながら成長を促すはずの生徒会活動が，これだと逆に，子供の精神的な落ち込みや心理的な危機を引き起こす原因となっていないでしょうか。

　子供を無視することや指導の放棄は，決して教育とは言えません。長ネギさんのような思いを二度とさせないためにも，ナス先生には「教室マルトリートメント」について学んでいただき，それが子供たちに与える甚大な悪影響について知ってもらいましょう。

「熱心な無理解教師」パイン先生

	「熱心な無理解教師」分析
特徴	・熱意はあるが，子供に対する「無理解・誤解・理解不足」が甚だしい。 ・子供の振る舞いを「直す・変える・正す」ことが使命だと信じている。 ・子供理解に基づかない指導をするため，状況を悪化させる。 ・得意なことを伸ばすより，不得意なことを直そうとする。
口癖	・本気で子供の将来を考えるなら，〜するべきだ。 ・今のうちに〜させないと，この子が将来困ることになる。 ・私がこんなに頑張っているのに，なぜあなたたちは〜しないのだ。

パイン先生の指導を見学

　パイン先生は，2年3組の学級担任です。この学級には，シイタケさんという発達障害のある子供がいます。

　シイタケさんはADHDですが，保護者の判断で通常の学級に在籍しています。小学校の時も，大げさなリアクションや空気を読まない発言で学級で浮くことがありましたが，中学校に入ってからは注意欠陥がより目立つようになりました。

　熱心なパイン先生は，こうしたシイタケさんの"欠点"を「なおす」ため，

学級担任である自分がとことん本人と向き合おうと考えています。

　シイタケさんが一番困っているのは，中学校に入ってから増えた宿題でした。注意欠陥があり，学習も困難な状態にあるシイタケさんにとって，それは拷問のようなものでした。

　そんなシイタケさんに対して，熱心なパイン先生は，「宿題忘れをしたら，放課後に先生と一緒にその宿題を片付ける」という方針を勝手に決めました。

　シイタケさんは，放課後になると卓球部の練習の脇で，顧問のパイン先生と一緒に1時間以上もひたすら宿題に取り組みました。

　保護者も同僚も，パイン先生のやり方は少々極端だとは思っていますが，熱心だし人柄もいいので，なんとなく口出しできません。

　そうしているうちに，シイタケさんは，「体育館で宿題をするのは恥ずかしい」と登校をしぶるようになりました。

　熱心なパイン先生は，シイタケさんが休むと必ず家庭訪問をし，「私は味方だ」というメッセージを伝えています。

Mr. ガーリックの見立て

　パイン先生が熱心で人柄がいいのは認めましょう。しかし，特別支援教育に対する理解に欠けているため，発達障害のあるシイタケさんに対するアプローチを完全に間違えています。

　そもそも，発達障害を「なおす」という考え自体が誤りであり，指導方針を自分一人で決めてしまうのも問題です。特別支援教育とは，障害のある子供の自立と社会参加を見据え，一人ひとりの教育的ニーズに最も的確に応える指導を提供できるよう，多様で柔軟な仕組みを整備することが重要なのです。

　パイン先生には，障害のある子もない子も，相互の触れ合いを通じて豊かな人間性を育めるような指導の仕方について学んでもらいましょう。

※「熱心な無理解者」とは，児童精神科医の佐々木正美さんが提唱した言葉です。

「カリスマ教師」ウリ先生

	「カリスマ教師」分析
特徴	・「夢」「友情」「努力」や自分の「武勇伝」について，熱く，そして長々と語る。 ・子供が自分の思う通りに行動しないと機嫌が悪い。 ・大物風の雰囲気を醸し出している。 ・周囲から「教祖様」や「独裁者」と呼ばれることがある。 ・自分の好きなことにしか力を注がない。
口癖	・黙って俺の言った通りにやればいいんだ。 ・俺はお前たちのことを誰よりも知っている。 ・俺はお前たちのために，自分をこんなに犠牲にしている。

ウリ先生の指導を見学

　体育教師のウリ先生は，バレーボール部の顧問です。また，バレーボール協会では役員も務める"その筋"の有名人です。

　ウリ先生は，以前は赴任した先々のチームを強くする「優勝請負人」と呼ばれていましたが，最近は決勝進出も逃すようになり，指導にますます熱が入っています。

　ウリ先生が体育館に入ると，部員は動きを止め，直立不動で「お疲れ様です！」と挨拶をします。すごい緊張感です。その割には，ウリ先生の態度は

ぞんざいで，傍目には大物風を吹かせる不快な人です。

　ウリ先生は，バレーボールの指導力や「俺の言うことを聞けば高校に入れてやる」といったやり口を武器に，子供たちを自分の「子分」にしていきます。「子分」になった子供たちは，ウリ先生の言うことしか聞きません。まるでマインドコントロールされているようです。

　こうした指導方針には，校内でも度々批判の目が向けられるものの，「グダグダ言うくらいなら，俺以上のことをやってみろ」と，ウリ先生は意に介しません。保護者の間でも，熱烈な支持がある一方，「別にプロを目指しているわけじゃないのに…」と，青春のすべてを部活動に捧げるやり方に疑問を呈する保護者もいます。

　ある研修会で，ウリ先生のことを崇拝していた他校の若手教師が，講師の話もろくに聞かず，ただ眠り呆けているウリ先生の姿を目にしました。ウリ先生は，その後の研究協議でもおしゃべりばかりしていました。

　「子供にはあれほど“努力”を語るのに…」

　この若手教師は，ウリ先生のリアルな姿を見て，ドン引きしました。

Mr. ガーリックの見立て

　ウリ先生は，過去の栄光にしがみつき，いまだに自分を頂点とする垂直型の組織をつくろうとしているのでしょうか。今後は，そういった「教える者」と「教わる者」といった構図での教育は，ますます通用しにくくなるでしょう。

　ウリ先生に必要なのは，子供を尊重し，自主性を重んじるような「指導観」について学ぶことです。そして，「子供目線で考える」ことや「子供に伴走する」ような指導にシフトすることです。これができなくては，ウリ先生が再び勝利の美酒に酔うことは難しいかもしれません。

05 「激おこ教師」オクラ先生

	「激おこ教師」分析
特徴	・高圧的で人を萎縮させるような雰囲気をもっている。 ・感情の起伏が激しく，怒声を上げることがある。 ・不安があってもそれを見せず，むしろ強気な態度で押し通そうとする。 ・失敗すると言い訳ばかりし，謝ることができない。
口癖	・何回言えばわかるの？ ・どうして～できないの？　どうすればできるようになるの？ ・私は悪くない。私は間違っていない。

オクラ先生の指導を見学

「何回言えばわかるの！」「どうして言われた通りにやらないの！」

　今日も3階の理科室から怒鳴り声が聞こえてきます。その声の主は，オクラ先生です。

　どうやら，オクラ先生が理科の実験の説明をしている最中に，カブ君が器具を勝手に操作したようです。カブ君は落ち着きがないため，オクラ先生に目を付けられています。周囲の生徒にしてみれば，「あー，またやらかしたか」といった感じです。

この時，オクラ先生は，カブ君を教室に立たせたまま，都合30分も怒声を浴びせました。「バカ」「アホ」「親の顔が見たい」などの人格を否定する言葉も使いました。

そして，オクラ先生は散々怒鳴り散らしたあげく，授業中にもかかわらず職員室に戻ってしまいました。クラスメイトは，カブ君に「早く職員室に謝りに行った方がいい」とアドバイスをしましたが，カブ君は怖くて動けません。そうしているうちに，授業の終わりを告げるチャイムが鳴りました。すると，オクラ先生は再び理科室に戻ってきて，今度は「なぜ謝りに来ない！」と怒っています。カブ君はもうどうしていいかわかりません。

こうした指導を見かねた教頭先生は，放課後，オクラ先生と話し合いをすることにしました。当初，オクラ先生は言い訳ばかりし，「私は悪くありません」と頑なでした。しかし，穏やかに教頭先生に諭されると，次第に目に涙を浮かべ，「私だってわかってます。本当はどうにかしたいと思っているんです」と言い，泣き出してしまいました。

Mr. ガーリックの見立て

オクラ先生がすべきは，なぜその行為が不適切だったのか生徒に気付かせることなのに，オクラ先生は怒りで我を忘れてしまっています。

大声での強い指導は，結局のところ，何も指導したことにはなりません。現に，カブ君はオクラ先生のことを恐れ，やるべきことがわかっているのに，怖くて何もできないような状況に追い込まれています。これだとあまりにもかわいそうです。

こんなオクラ先生には，「間違いや失敗を歓迎する教室」の大切さについて学んでもらいましょう。教室が，子供にとって安心して素の自分をさらけ出せる場でないと，いじめが生まれたり，教室から逃げ出そうとする子が出たりして，結局大変なことになります。

CONSULTING REPORT

私立青果学園の学校課題とその改善策

コンサルティング第三部　チーフコンサルタント　ガーリック

〔　要　約　〕

1　私立青果学園の凋落

　名門校・私立青果学園は，近年，教育の質の低下が顕著になっている。その評判は瞬く間に地域に広がり，入学希望者が激減している。昨年，この学校の新校長に就任したナガイモには，教育の質を向上させ，児童生徒及び保護者の信頼を再び勝ち取るため，学校再興の使命が課せられている。本レポートでは，青果学園の現状分析と，学校復活までのシナリオを提案する。

2　かつての私立青果学園

　かつて，学園には他の教育機関にはない多くの魅力があった。教師は優秀で，児童生徒に最高の学びを提供していた。また，カリキュラムは児童生徒の自主性を尊重するものであり，校内には自由な雰囲気が流れていた。この評判は近隣にまで届き，他県からも多くの児童生徒を集めていた。

3　青果学園が直面する課題

　青果学園の経営が悪化の一途をたどっている原因は，ひとえに教師の質の低下によるものである。これは，力量ある教師の退職や転職が重なり，残された者の教育力が一気に露呈したものである。保護者から寄せられた教師に対する苦情を集約すると，主に以下にまとめられる。

　①子供を厳しく管理し，自己肯定感を傷つけることを平気で言う。

②子供を無視して不安感を煽ったり，指導を放棄したりする。

③専門性に欠け，自分の思い込みだけで指導をする。

④自分の古い誤った指導にこだわり，柔軟な対応ができない。

⑤子供を見放すような態度を取ることがあり，学校生活を楽しめない。

【本学園に寄せられた苦情の件数とその内容】

4　フィードバックスキル修得に向けた教員研修の実施

　学園の教育の質を上げるには，何より教師の意識改革を断行しなければならない。そのために，以下に取り組むことを提案する。

①校長面談を実施し，これまでの行為に対する自己反省を促す。

②教師同士による意見交換会を行い，多様な教育観について知る。

③フィードバック研修を実施して，フィードバックスキルを獲得する。

④適切な子供観や教育観について学ぶ。

⑤模範的取り組みを紹介し，それを全体に広めていく。

5　まとめ

　青果学園のような伝統ある学校が，再び活力を取り戻して地域に貢献する人材を輩出することは，地域全体のメリットとなる。新校長の舵取りの下，青果学園が現在の苦難の時期を乗り越え，再び伝統校の名誉を取り戻す可能性は十分にある。ただし，それができなければ，学園の未来はかなり危ういものと言えるだろう。

SCHOOL
FEED
BACK

00 | フィードバックってそもそも何だろう？

■ INTRODUCTION

　その後，私はナガイモ校長の依頼を正式に引き受け，青果学園の建て直しに着手することにしました。

　すでにコンサルティングレポートで示したように，学園衰退の最大の原因は，先生方の指導の仕方にあることが判明しています。彼らは優秀ではありますが，おしなべて子供理解と共感的立場から指導する力に欠けています。具体的に言うと，「見取る」力と「フィードバック」のスキルが身に付いていないのです。

　ところで，「見る」と「見取る」は違います。「見る」とは，子供の外面的事実を観察することですが，「見取る」とは，子供の内面をわかろうとすることです。適切に「見取る」ことなしに，適切な指導は難しいでしょう。

　「フィードバック」とは，浅い理解で言うと，相手の行動に対して改善点や評価を伝えることです。ただし，その「フィードバック」を受け入れるかどうかを決めるのは，実は，受け取る側にあります。つまり，フィードバックする側が，一方的に叱ったり押し付けたりしたのでは，ただの"しっぱなし"で終わってしまうということです。

　こうした問題を解決するため，私が提唱しているのが「スクールフィードバック」です。「スクールフィードバック」とは，丁寧な見取りと共感的な立場からフィードバックすることを通して，異なる背景，考え方，能力等をもった子供と先生が相互に尊重し合い，それぞれのよさを存分に引き出した多様性豊かな集団を実現するための技術です。

　青果学園の先生方には，「スクールフィードバック」の研修を受けてもらい，これまでの自分の指導を振り返ってもらいます。

　さあ，研修のスタートです。

01 フィードバックの語源

現在，フィードバックという言葉は多方面で使用されていますよね。ところが，その定義は分野ごとに多少異なります。そもそも，フィードバックの本来の意味ってどんなものだったのでしょう。

フィードバックは，英語で「feedback」と書きます。言葉を分解すると「feed」と「back」になります。「feed」は「食事を与える」「（情報を）伝える」「（データを）送る」などの意味があり，「back」は「戻して」「返して」という意味があります。

この言葉はもともと，「ひな鳥が，親鳥から与えられた（feed）食べ物を，食べずにそのまま返す（back）」様子を表していました。これが後に転じて，電気回路や軍事の用語として使われるようになりました。

現在はどう定義されているのでしょう。大辞林には，**「心理学・教育学で，行動や反応をその結果を参考にして修正し，より適切なものにしていく仕組み」**と書かれています。うーん，わかるような，わからないような…。こうした点を，これからじっくり紐解いていきましょう。

29

02 | フィードバックの概念

　立教大学教授の中原淳先生は，『フィードバック入門─耳の痛いことを伝えて部下と職場を立て直す技術』において，フィードバックを「耳の痛いことを部下にしっかりと伝え，彼らの成長を立て直すこと」と述べています。私たちは教育者ですので，「部下」を「学習者」とか「子供」に置き換えて考えましょう。

　具体的には，次の２つの働きかけを通して成長の促進を目指す，としています。

情報通知	立て直し
たとえ耳の痛いことであっても，学習者のパフォーマンス等に対して情報や結果をちゃんと通知すること（現状を把握し，向き合うことの支援）。	学習者が自己のパフォーマンス等を認識し，自らの業務（＝学習）や行動を振り返り，今後の行動計画を立てる支援を行うこと（振り返りと，アクションプランづくりの支援）。

※中原先生の主張を佐々木が教育用に改変

　中原先生は，**フィードバックの概念は，情報通知の側面（ティーチング的・一方向の情報伝達）と，立て直しの側面（コーチング的・振り返りの促進）の２つを含みうる**ものであり，つまり，**フィードバックは「ティーチング」と「コーチング」を含み込んだ最強の育成方法**だと述べています。

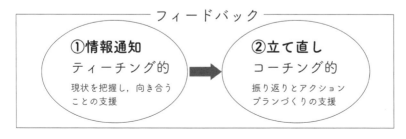

ーーー フィードバック ーーー

①情報通知
ティーチング的
現状を把握し，向き合うことの支援

②立て直し
コーチング的
振り返りとアクションプランづくりの支援

フィードバック概念図（『フィードバック入門─耳の痛いことを伝えて部下と職場を立て直す技術』（中原淳，PHP研究所，2017）の図表8より引用・補足）

03 人はいかなる場合に育つのか

「経験学習」に必要なストレッチ経験

　さて，問題です。人って，どんな時に成長するでしょうか。これは，フィードバックを使いこなすためにとても大切な視点です。教育者なら，「人はいかなる場合に育つのか」という問いに，答えられるようでありたいですよね。でも，それって難しくないですか。

　人材開発の世界には，「経験学習」という理論があります。**「経験学習」とは，「現在の能力でできることよりも，少し高めのことを任せる」ことで人は育つという考え**です。

　能力を高めるのに
　必要なのは
　ストレッチ経験
　（背伸び経験）

　現在の能力で
　できること

　背伸びして
　できること

『フィードバック入門—耳の痛いことを伝えて部下と職場を立て直す技術』（中原淳，ＰＨＰ研究所，2017）の図表9より引用・補正

　この理論は，ほとんどの教師が実感していることですよね。

　例えば，子供に簡単な課題を与えると飽きてしまうし，難しい問題を与えても諦めてしまう。でも，今の実力よりもほんの少しだけ高いレベルの課題

を与えると，生き生きと挑戦しだす。あれです。

　なんとなく皆さんが感じていたあの経験は，実は理論的に正しいことだったのです。

　次の図を見て，この考えをもう少し深めてみましょう。

学習者の３つの心理空間

　図の内側の「コンフォートゾーン（快適空間）」とは，**それをしてもさほどストレスを感じない心理状態**のことです。何度も経験してやり慣れていたり，プレッシャーのない状態だったりするので，本人にとっては快適な状態です。

　外側の「パニックゾーン（混乱空間）」とは，**与えられたことが自分の能力よりもはるかに高くて失敗のリスクが高く，強い不安やプレッシャーでパニックになりそうな心理状態**です。

　そして，中間に位置する「ストレッチゾーン（挑戦空間）」というのが，

適度にチャレンジや背伸びをしていて，やりがいを感じている心理状態のことです。できるかできないか多少の不安はあるけれど，それよりも成長している実感や，新たなことに挑戦できるワクワク感の方が勝っています。

　ですので，子供を成長させたいと思ったら，子供を上手にストレッチゾーン（挑戦空間）に誘導し，失敗を許容する雰囲気をつくりながら課題にチャレンジさせることが大切です。

子供が現実と向き合う支援がフィードバック

　しかしながら，パニックゾーンに近い方（難易度が高い方）のストレッチ体験は，そのハードルの高さゆえに，それに取り組んでいる子供は，何がうまくいって何がうまくいっていないのか，現在の自分はどんな状況なのか認知しづらい状況にあります。試行錯誤するうちに，自分の立ち位置がわからなくなるのです。

　こんな時は，フィードバックの構成要素の１つである「情報通知」が役立ちます。「情報通知」では，教師である皆さんが，子供の行動やパフォーマンスに関する情報を客観的に伝え，彼らが現実と向き合うための支援を行います。

　難易度の高いストレッチ経験に挑戦し，失敗の余地が増えるからこそ，教師のフィードバックが必要になります。

04 子供が育つ３つの支援

　中原先生の研究では，人が成長するためには，他者から３つの支援を受けることが効果的であることがわかっています。教育において他者とは，先生に限らず，学校・家庭・地域等のあらゆる関わりある人物のことです。

　１つ目の**「学習支援」とは，子供に必要な資質・能力が身に付くように学ばせたり，それについて助言したりすること**です。経験や知識が浅い子が，何もないところから１人で学びを進めることは難しいでしょう。よって，それを補完することが大切です。

　２つ目の**「内省支援」とは，子供に客観的な意見を伝え，俯瞰的な視点や新しい視点を提供し，子供自身の気付きを促すこと**です。子供たちは，自分では気付けなかった点を他者から指摘してもらうことで，自分の行動や認知を見直すことができます。

　３つ目の**「精神支援」は，子供を励ましたり褒めたりすること**で，子供の自己効力感や自尊心を高めることです。子供が落ち込んだり自信をなくしたりするのを防ぐためにも，この支援が大切です。

学習支援	獲得を目指す資質・能力が身に付くように学ばせること。また，それについて助言すること。
内省支援	客観的な意見，俯瞰的な視点，新たな視点等を伝え，本人が自らの行動を振り返り，気付きを得るように促すこと。
精神支援	励ましたり褒めたりすることで，本人の自己効力感や自尊心を高めること。

『フィードバック入門―耳の痛いことを伝えて部下と職場を立て直す技術』（中原淳，ＰＨＰ研究所，2017）を参考に佐々木が教育用に作成

「学習支援」がなければ資質・能力をスムーズに習得することができず，「内省支援」がなければ振り返りを行って気付きを得ることが難しく，「精神支援」がなければ自己効力感や自尊心を高めにくいのです。

子供が育つ学校

これまでのことを総括すると，子供たちを効率的に成長させたいと思えば，彼らをストレッチゾーンに入れるような学習経験をさせ，そこに教師を中心とする関わりある人物が「学習支援」「内省支援」「精神支援」を行えば，理論上，子供はぐんぐん成長していくということなのです。まあ，効率だけを重視するのは教育とは思いませんが…。

これを図表にしてみます。縦軸を「経験軸」，横軸を「支援軸」として表してみましょう。

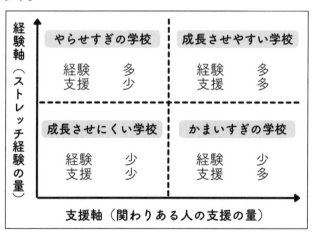

『フィードバック入門―耳の痛いことを伝えて部下と職場を立て直す技術』（中原淳，ＰＨＰ研究所，2017）図表12を参考に佐々木が教育用に作成

このように，「経験」と「支援」という二軸で表現すると，マトリクスが完成します。当然ではありますが，子供が育つ学校とは，子供たちに多くのストレッチ経験をさせ，それをみんなで支援する学校のことです。

05 | フィードバックの種類

無限にある「フィードバック」

　一口にフィードバックと言っても，提供者と受け手の関係，目的とニーズ等によって多様な形態がありますし，さらにそれはカスタマイズされていきます。

　具体的に，私の専門である英語教育を例に取ってみます。英語教育では，第2言語習得研究をバックボーンとして生まれたフォーカス・オン・フォームという言語指導方法があります。これは，フィードバックを使って学習者に英語の形式・意味・機能に気付かせる手法です。

　例えば，このフォーカス・オン・フォームでさえも次のようなフィードバックの種類があります。

□**リキャスト**：会話の流れの中でさりげなく正しい言い方を示す。

□**繰り返し**　：わざと発話者と同じ間違いを繰り返して気付かせる。

□**導き出し**　：間違いの前で話を止めることで自発的な訂正を促す。

□**明確化要求**：間違った部分を聞き返す。

□**意味交渉**　：誤答と正答の両方を提示し考えさせる。

□**メタ言語を使った合図**：記憶を思い起こすように問い掛ける。

　英語教育の一手法であるフォーカス・オン・フォームでさえもこんなに多様なフィードバックの種類があるのですから，今後も次々と新しいフィードバックが開発されるだろうと思います。そのように考えると，フィードバックの種類は無限と言っても過言ではないのかもしれません。

主な３つのカテゴリー

　とは言うものの，様々なフィードバックを収束させていくと，その受け手に対するアプローチの性質から，主に３つのカテゴリーに分類されることがわかります。

　それが，①ポジティブ・フィードバック，②ニュートラル・フィードバック，③ネガティブ・フィードバック，です。

①ポジティブ・フィードバック（積極的フィードバック）

　『国際エグゼクティブコーチが教える　人，組織が劇的に変わる　ポジティブフィードバック』（ヴィランティ牧野祝子，あさ出版，2022）によると，ポジティブ・フィードバックとは，**「思いやりを言語化した良質なコミュニケーション」**であり，**「承認」を土台とする**としています。「承認」とは，成長を第一の目的として，相手の行動，存在，結果を肯定的な言葉で伝えることであり，相手の可能性を信じることです。

　ポジティブ・フィードバックは，肯定的に，そして思いやりをもって行われるため，フィードバックを受けた側が「大切に思われている」と感じ，傷ついたり，凹んだりせず，互いに前向きに進むことができるようになることが特徴です。

②ニュートラル・フィードバック（中立的フィードバック）

　『叱らなくても部下の心をつかむ方法―「ニュートラル・フィードバック」で仕事が10倍スムーズになる！』（本間正人，フォレスト出版，2012）では，ニュートラル・フィードバックのことを，相手の**「行動・言動について，きめ細やかに観察し，その事実に基づいて，価値判断を入れずに，淡々と伝えるコミュニケーション方法」**と述べています。

　ニュートラル・フィードバックでは，フィードバックする側が価値判断を

できるだけ排除し，その行為や事実関係をなるべく客観的に伝えるため，フィードバックを受ける側が，フィードバックを受け止めやすくなる，聞く耳をもつ，考えるようになる，追い込まれない，といったメリットが発生します。

③ネガティブ・フィードバック（消極的フィードバック）

※ネガティブという言葉を使うと，それ自体がネガティブな印象を与えるため，コンストラクティブ・フィードバック（建設的フィードバック）という言い方もします。

　『ネガティブフィードバック　嫌われても，きちんと伝える技術』（難波猛，MBビジネス研究班，まんがびと，2021）では，ネガティブ・フィードバックのことを**「望ましくない状態の改善に向け，ネガティブな情報を相手に伝え，望ましい状態へ促す」**ことと定義しています。

　ネガティブ・フィードバックにおいては，相手の行動改善を願いながら，「気付きの機会」（不足やギャップがある点を気付かせる機会）と「成長の機会」（成長や改善に向けて意欲を喚起する機会）を当事者に提供します。

　いずれのカテゴリーにしても，やってもやらなくても何もフィードバックがないと人は動機付けられない，という点は考えておく必要があるでしょう。

06 | フィードバックの誤謬

　私たちがフィードバックの話をする時，そこには「フィードバックは有益だ」という前提があるような気がします。

　しかし，何事もそんなに単純なことはなく，フィードバックにだってプラスの側面とマイナスの側面があります。

　私たちは，こうしたことを前提に物事を多面的・多角的に考察するからこそ，深みのある解釈にたどり着けるのではないでしょうか。

　フィードバックに対して否定的な見解を示したものに，ハーバード・ビジネス・レビューに掲載された論文を電子書籍化した『フィードバックの誤謬―批判も称賛も成長にはつながらない』（マーカス・バッキンガム，アシュリー・グッドール，ダイヤモンド社，2019）があります。

　同書は，現在フィードバックに関して広く真理として受け止められている考え方を3つの「説」にまとめ，フィードバックは必ずしも有益なものではなく，むしろの成長を妨げることさえあると強く反論しています。

　同書が示す3つの「説」とそれに対する否定的見解は，以下のようなものです。

「説」	「説」の内容	否定的見解
真実の源説	自分の弱点は本人よりも他者の方がよくわかるため，自分では気付かないことを他者に教えてもらうことが，一番自分のためになるという考え。	意図のよくわからない相手から，自分の現状や，真の素晴らしさ，改善のためにしなければならないことを指摘されても，当てにならない。

学習説	学習とは空の器を満たすようなものであり，獲得すべき能力を相手が身に付けていないなら，他者がそれを教えてやるべきだとする考え。	学習とは，すでにあるものを認識，強化，洗練するプロセスであり，フィードバックのように，何か欠けているものを追加するプロセスではない。
卓越性説	優れたパフォーマンスは普遍的で，分析可能で，説明可能なものであり，ひとたび定義できれば誰にでも応用できるという考え。	卓越性には各自の特異性が関わるため，それを定義することはほとんど不可能である。だが，一人ひとりがそれを達成することは比較的容易である。

　同書は，これら3つに通底するのは，「自己中心的」な考えだと指摘します。なぜなら，「真実の源説」「学習説」「卓越性説」はどれも，フィードバックを与える側には知識や能力があって，受ける側にはそれがなさそうだということを既定の事実として設定しているように感じられるからです。

　確かに，自分のパフォーマンスを引き出した要因が，相手のパフォーマンスも引き出すだろうと考えるのはやや傲慢かもしれません。

　そして，下手なフィードバックよりも，指示や指導，たどるべき手順や欠けている知識を教えることの方が，よっぽど効果を発揮することがあるという同書の指摘は，おそらく一面的には正しいでしょう。

　以上が，『フィードバックの誤謬』の大意ですが，フィードバックをビジネスの面から分析しているため，教育的視点と人間理解に欠けているように感じるのは否めません。

　本書『スクールフィードバック入門』では，フィードバックのこうしたデメリットを認識しながら，深い人間理解に基づいて，フィードバックを通して子供，そして教師が成長していく過程を紐解きたいと思います。

SCHOOL
FEED
BACK

00 | スクールフィードバックとは何か

■ INTRODUCTION

　先日行ったフィードバックの校内研修は，思いのほか大盛況でした。青果学園の先生方は，みんな熱心に「うん，うん」とうなずきながら，メモを取って話を聞いていました。

　しかし，その後の校内の様子を見てみると，あの校内研修によって先生方の指導が変わったかといえば，誰一人変わっていません。これは，当然といえば当然のことです。先生方はまだ，研修で得た知識と自分の実践が結び付いていないのです。

　これは，テレビでスポーツ観戦をすると，そのスポーツがまるで簡単なように錯覚してしまうのと一緒です。恥ずかしながら私も，サッカー日本代表の選手が大きなゴールチャンスを逃した時など，「マジか！　それだったら俺でも決められる」などとテレビの前で叫んで周囲から白い目で見られることがあります。ですが，実際にはそんなに簡単なわけがありませんよね。これと一緒です。

　そこで，次の校内研修では，私が提唱するスクールフィードバックの概念を取り上げ，テーマをより学校にフォーカスしていきます。そして，先生方には研修で得た知識と自身の実践をリンクさせてもらい，自らの指導を振り返るきっかけとしてもらうつもりです。

　当初，高圧的な指導を繰り返す学園の先生方のマインドを変えるには，少々時間がかかると踏んでいましたが，もしかしたら，予定よりスムーズにいくかもしれません。そうなるように，次の校内研修では，先生方同士で意見交換や相談をしてもらい，研修で得た知識をより身近な問題として考えてもらえるようにしましょう。

学校におけるフィードバック

「ギブアンドテイク」のフィードバック

　第1章では，主にビジネスの世界におけるフィードバックの考え方について学びました。

　とはいえ，現在，フィードバックという言葉は多方面で使用されており，その定義は分野ごとに多少異なります。

　教師がイメージするフィードバックといえば，「教師が学習者に評価を伝えること」や「学習者同士で評価を伝え合うこと」といった感じではないでしょうか。

　フィードバックの定義は，教育という限られたカテゴリー内においてもたくさんあり，それらはどれも納得するものばかりです。

　その中で，教育測定・評価が専門で，メタ分析によるフィードバック研究の第一人者，メルボルン大学のジョン・ハッティ名誉教授は，「フィードバックとは学習者に関わりをもつ人，もの（例えば，教師，仲間，本，保護者，学習者自身の経験など）から与えられる，<u>学習者の到達状況や理解の程度に関する情報</u>」であり，「学習者が何かを行った結果に対して行われるもの」（『教育の効果─メタ分析による学力に影響を与える要因の効果の可視化』ジョン・ハッティ，図書文化社，2018　※下線は筆者による）だと述べています。

　ここで注目したいのは，教育におけるフィードバックとは，教師が学習者に与えるものと限定していない点です。**教育では，学習者の学びに関するあらゆる情報を，形成的に目標に向かっていくためのフィードバックと考えま**す。

こうした点を考慮して考え出されたのが，本書のタイトルにもなっている
スクールフィードバックです。**スクールフィードバックは，教師から生徒へ**
のフィードバックと，学習者から教師へのフィードバックの循環プロセスと
言えます。あるいは，**教師と学習者の間で行われるギブアンドテイクのフィ**
ードバックと見ることもできます。

子供たちからもフィードバックは返ってくる

もう少し詳しく説明します。教師であるならば，教師が学習者に与えるフ
ィードバックはイメージしやすいでしょう。

問題は，「学習者が教師に提供するフィードバック」の意味がよくわから
ないということです。学習者が教師にフィードバックするってあり得るので
しょうか？

例を挙げます。例えば，テスト結果，アンケートの回答，授業でつくった
作品などのことを考えてみてください。これらは，学習者から教師に示され
る学びの情報です。場合によっては，学習者の姿そのものが学びの情報にな
ることもあります。

これが学習者から教師へのフィードバックなのです。

ですので，仮に勉強につまずいて困っている学習者がいたとしたら，それ
は，教師の教え方がうまくいっていないという情報を，学習者がその姿をも
って提供していることになるのです。

教師は，こうしたことに気付いて初めて，自らの授業内容，教材，方法な
どを見直すようになり，ひいてはそれがよりよい学習環境の提供につながっ
て，学習者に望ましい資質・能力を身に付けられるようになるのです。

ギャップを知ることが土台となる

　スクールフィードバックの目的は何でしょう。一番の目的は，フィードバックによって**現状と目標との間にあるギャップを知る**ことです。これは，学習者であろうが教師であろうが，目標に向かって成長していくための土台となります。

　教師も学習者も，現状と目標との間にあるギャップに気付いて初めて，目標に到達するために自身の行動を変容させようとします。すると，自らの取り組みを振り返るようになり，自身を成長させるのに必要な情報に注意を向けるようになります。

　そして，やがてフィードバックの受け入れに柔軟性が増すようになると，主体的に目標を定め，計画を立て，それを再考・調整するようになり，最終的には，現実的でバランスのとれた学びを実現するようになります。

　これらの他にも，スクールフィードバックは教師にとって次のような効果が期待できます。

・学習者がどこに注目して学習しているかが明らかになるため，課題を達成するにはどこにポイントを絞ればいいかアドバイスできる。
・課題の達成に必要とされるプロセスに，学習者に直接注意を向けさせることができる。
・誤解した考えについて情報を提供することができる。
・学習者の課題の達成に向けたやる気を高めることができる。

03 スクールフィードバックの３つの時間軸

　スクールフィードバックは，「過去」「現在」「未来」の３つの時間軸を意識して使い分けることで，より大きな効果を期待できます。スクールフィードバックのうち，「過去」に焦点を当てたものを「フィードバック」，「現在」に焦点を当てたものを「フィードアップ」，そして「未来」に焦点を当てたものを「フィードフォーワード」と言います。

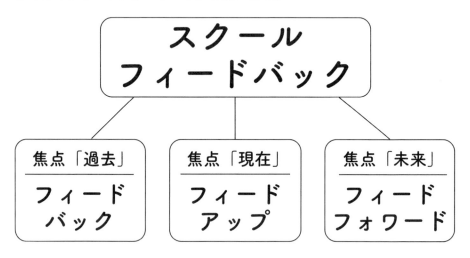

①「過去」に焦点を当てたフィードバック
　学習者の「過去」と現在を比較するのがフィードバックです。これは，「過去」へのフィードバックと定義できます。バック（back）が「後ろに，後方に」という意味をもつことを考えればわかりやすいでしょう。広い意味で使われるいわゆるフィードバックと字面が同じですので，区別して使い分けてください。
　フィードバックでは，今回のテストは過去のテストと比較して，どこが改

善してどこが改善しなかったなどのような考察をし，教師と学習者がその情報を共有して今後の学習に生かします。

②「現在」へ焦点を当てたフィードアップ

　学習者の「現在」と設定した目標（求められている達成状況）を比較するのがフィードアップです。これは「現在」へのフィードバックと定義できます。アップ（up）は「上方へ，高いところへ」という意味ですので，今の状態を目標に向けて引き上げていくイメージをもつとわかりやすいでしょう。

　フィードアップでは，現在の学習者のパフォーマンスレベルについて，どのようにすればより目標に近づくのかについて情報を提供し，学びを支援します。

③「未来」へ焦点を当てたフィードフォワード

　求められている目標に対して，**学習者が今後どこへ進んでいけばいいのか「未来」に関する情報を提供するのがフィードフォワード**です。これは，「未来」へのフィードバックと定義できます。フォワード（forward）が「前へ，先へ」という意味であることを考えるとわかりやすいでしょう。

　フィードフォワードでは，教師が学習者に今後取り組むべきことや，目標を達成したら学習者がどんな姿になっているのかについて情報を提供し，学びを支援します。

　以上のように，スクールフィードバックは，時間軸によってフィードバック，フィードアップ，フィードフォワードと使い分けられること，そして，それぞれの使い方には特徴があることをおわかりいただけたと思います。

　しかし，実際に学校で使用する場合，これらの用語をいちいち覚える必要などなく，フィードバックをする際には「過去」「現在」「未来」の3つの時間軸を視点として，学習者にとってより質の高いフィードバックを提供することを心掛けます。

04 スクールフィードバックの4つのレベル

スクールフィードバックには,「自己レベル」「課題レベル」「プロセスレベル」「自己調整レベル」という4つのレベルがあります。教師は,それぞれのレベルのフィードバックの特徴を知り,それを適切に使い分けられないと,学びの深まりとはあまり関係のない,称賛や批判のようなものをフィードバックと勘違いしてしまう可能性があります。

スクールフィードバックでは,レベルが上がるにつれて重く複雑になっていく学びの役割と責任を,少しずつ学習者に引き渡していくことが大切です。その間,教師は学習者への足場かけを行うと同時に,自らの統率レベルを徐々に弱めていきます。そして最終的には,学習者がより多くのことを自分でできるように促します。

では,4つに分かれたそれぞれのレベルのフィードバックを,丁寧に見ていきましょう。

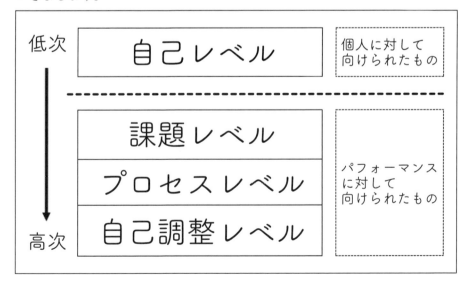

低次	自己レベル	個人に対して向けられたもの
	課題レベル	パフォーマンスに対して向けられたもの
	プロセスレベル	
高次	自己調整レベル	

① 「自己レベル」のフィードバック

　「今回のテストの結果，すごかったじゃん。今後も自信をもって勉強に励んでね」

　「今回の結果は残念だったよ。なんでもっと頑張らなかったんだ。がっかりしたよ」

のように，**学習者の自己評価や自己認識に影響を与える，いわば称賛や批判のようなものを「自己レベル」のフィードバックと言います。**

　このレベルのフィードバックは，学習者の何がよかったのか，何に取り組めばもっとよくなるのかなどの具体的な情報が含まれていないので，学習改善は起きにくいと言われています。

　学習者は，こうしたフィードバックを自分への直接の評価として受け取りかねません。安易な称賛は，学習プロセスの振り返りを邪魔するかもしれませんし，安易な批判は，否定的な自己概念につながりかねません。

　具体例を挙げて説明しましょう。教師はよく，頑張っても思うような成果を出せなかった学習者に対して，「落ち込まないで。次があるじゃないか」とか「もっと胸を張りなさい。立派でしたよ」といった励ましの声掛けをします。しかし，こういった声掛けは，「先生が褒めてくれたんだから，私は間違っていなかった」と学習者の意識を誤った方向に向けさせてしまうこともあるということなのです。

　フィードバックは，**学習者が「自己」へ焦点を合わせるのではなく，学習方法や学習プロセスに焦点を合わせるようになることで効果を発揮**します。こうした点からすると，「自己レベル」のフィードバックは，これから紹介する他の3つのフィードバックとは切り離して考える必要があります。

　念のために補足すると，「自己レベル」のフィードバックは，確かに，学習に関する具体的情報を含まないので，直接学力の向上に寄与することはありません。しかしながら，心からの称賛のような声掛けは，教師と学習者の信頼関係を構築する上では極めて有効であり，こうした信頼関係があってこそ，学力は間接的に向上するものと考えます。

②「課題レベル」のフィードバック

　回答が正解かどうか，あるいは学習者のパフォーマンスが達成基準に到達しているかどうかのように，学習成果に関する情報を提供するのが「課題レベル」のフィードバックです。

　例えば，私たちは小テストやミニレポートといった課題をよく出します。教師は当然ながらそれを回収し，採点・点検して学習者に返却します。学習者はこれによって初めて，自分ができること，できないことをはっきりさせられますが，こうしたフィードバックがまさに「課題レベル」のフィードバックです。

　教師が「課題レベル」のフィードバックを実施するには，以下のような視点を手掛かりとすることができます。

- □ 回答は正解か不正解か。
- □ 回答やパフォーマンスは達成基準に到達しているか。
- □ よくできているのはどの点か。
- □ うまくできていないのはどの点か。
- □ 正しい回答とはどんなものか。
- □ 達成基準を満たすパフォーマンスとはどんなものか。

③「プロセスレベル」のフィードバック

　学習課題を達成するために，学習者がどのように学習したか，そのプロセスについて情報提供するとともに，誤りを特定し，誤りへの対処，課題解決のための方法等を伝えるのが「プロセスレベル」のフィードバックです。

　学習者の中には，計画が現実的でない，ずさんに課題に取り組む，頻繁にケアレスミスをする，容易に集中力を欠くなど様々な学習者がいます。プロセスレベルのフィードバックでは，こうした学習者に対して，問題点を特定したり，そのための対処法を示したり，あるいは全く別な学習方法を提案したりします。

例えば，スピーチ練習に一生懸命取り組んでいるものの，他のアドバイスを生かせず，一向に上達しない学習者がいたとします。そういった学習者に対しては，「そろそろタブレットで自分のパフォーマンスを撮影し，客観的に自分の姿を見てみたらどうだろう。そうすれば，君のパフォーマンスはさらによくなると思うよ」などのようにアドバイスし，学習の新たな視点を提案します。

　教師が「プロセスレベル」のフィードバックを実施するには，以下のような視点を手掛かりとすることができます。

☐　何がよくないのか。そして，なぜよくないのか。
☐　学習者はどのような学習方略を使ったのか。
☐　正しい回答の説明とはどんなものか。
☐　学習者は課題についてどのような質問をすることができるか。
☐　学習課題は他教科等とどのような関連があるか。
☐　資料には他に使える情報は載っていないか。
☐　学習課題は既習事項とどう関連付けられるか。

④「自己調整レベル」のフィードバック
　学習者が，自分自身の判断で学びの方向性を定め，学習改善を行いながら学びを深めていけるように学習調整に関する情報を提供するのが「自己調整レベル」のフィードバックです。

　「自己調整レベル」のフィードバックでは，学習者に対して，教師のアドバイスは本当に効果的か，あるいはもっと改善できることはないかなど，自らの手で学びを深められるように検討を促します。

　例えば，「君，最近授業に集中できないようだけど，それを改善するために，何か対策を立てられる？」「次回のテストに向けて，今から計画を立てて勉強を始めた方がいいけど，コツコツと学習を続けるためには，どんな計画を立てたら効果的かな？」などと声掛けをします。そして，こうしたフィ

ードバックを送る中で，教師は，学習者が自らの学びを改善する主体（エージェント）となるように仕向けていきます。

　教師が「自己調整レベル」のフィードバックを実施する際には，以下のような視点を手掛かりとすることができます。

☐　学習者は，どのようにして自分の作業をモニタリングしただろうか。

☐　学習者は，与えられた情報をどのように価値付けただろうか。

☐　学習者は，どのように自分の学習を振り返っただろうか。

☐　学習者は，○○について，何を行っただろうか。

☐　学習者が，○○した時，何が起こっただろうか。

☐　学習者は，○○について，どのように説明しただろうか。

☐　学習者は，○○について，どのような根拠を見出せるだろうか。

☐　学習者は，課題に関して，さらにどのような疑問をもつだろうか。

☐　○○と比べると，これはどのようだろうか。

☐　これらの情報すべてに共通するものは何だろうか。

☐　学習者はどのような学習目標に到達しただろうか。

☐　学習者はどのように考えを変えただろうか。

☐　学習者が，今教えられるものは何だろうか。

☐　どうやって○○するかを，今，他の生徒に教えられるだろうか。

05 「双方向・3時間軸・4レベル」が スクールフィードバックのカギ

　さて，ではこのあたりでスクールフィードバックのまとめをし，一般的なフィードバックとの違いをハッキリさせましょう。

　スクールフィードバックとは，学校教育において，以下の「双方向・3時間軸・4レベル」の特徴を理解して行われるものです。

①双方向とは？

　学校におけるフィードバックとは，学習者の到達状況や理解の程度に関する情報のことである。

　それは，教師から学習者へ与えられたり，学習者から教師へ伝えられたりして，循環プロセスを生むものであり，ギブアンドテイクの関係を構築する。

②3時間軸とは？

　スクールフィードバックでは，「過去」「現在」「未来」の3つの時間軸を意識する。

　そのうち，「過去」に焦点を当てたものを「フィードバック」，「現在」に焦点を当てたものを「フィードアップ」，「未来」に焦点を当てたものを「フィードフォワード」と言う。

　時間軸を意識するとフィードバックの幅が広がり，教師と学習者の間に建設的なコミュニケーションが生まれやすくなる。

③4レベルとは？

　スクールフィードバックには，浅い方から順に，「自己レベル」「課題レベル」「プロセスレベル」「自己調整レベル」という4つのレベルがある。

　こうしたレベルは上がるにつれて，学びの役割と責任を学習者に引き渡し

ていくものであり，最終的には学習者がより多くのことを自分でできるようにする。

　スクールフィードバックはフィードバックの一種であるため，もちろん，通常のフィードバックのように「情報通知」（現状を把握させ，学びと向き合うことを支援する）や「立て直し」（振り返りとアクションプランづくりを支援する）が行われます。

　しかし，それも既述の３点を理解して行われることで，通常のフィードバックよりも計画的，教育的，育成的なものとなります。これこそがスクールフィードバックなのです。

フィードバックの３つの時間軸と４つのレベル

フィードバック	フィードアップ	フィードフォワード
焦点「過去」	焦点「現在」	焦点「未来」
これまで，どのように進んできたのか。	今，どのように進んでいるのか。	次は，どこへ進んでいけばいいのか。
学習者の「過去」と現在を比較して説明する。	学習者の「現在」と設定した目標を比較して説明する。	学習者が今後向かうべき方向性について説明する。

自己レベル	課題レベル	プロセスレベル	自己調整レベル
個人ベース	パフォーマンスベース		
個人を褒めたり批判したりする。学習の情報を含まないので，学力にほとんど影響を与えない。	答えが正しいかどうか，パフォーマンスが達成基準を満たしているかどうかを伝える。	どのように作業をしたかについてそのプロセスを伝える。また，誤りを特定し，誤りへの対処，課題解決のための方法等も伝える。	学習調整に利用できるメカニズムの情報を伝える。そして，学習者が自身の判断で学びの方向性を定め，学習改善を促す。

06 「教室マルトリートメント」

「適切ではない指導」と「毒語」

　東京都で特別支援学校の教員をしている川上康則さんは，著書『教室マルトリートメント』（川上康則，東洋館出版社，2022）の中で，教室内で行われる指導のうち，体罰やハラスメントのような違法行為としては認識されないものの，日常的によく見かけがちで，子どもたちの心を知らず知らずのうちに傷つける「適切ではない指導」のことを「教室マルトリートメント」と呼んでいます。

　教室マルトリートメントの恐ろしいところは，それがまるで指導であるかのような錯覚を教師にも学習者にも与える点です。学習者の行為に対する教師の反応という点ではフィードバックと同じですが，教室マルトリートメントに教育効果などなく，むしろ非教育的行為と言わざるを得ません。

　そんな教室マルトリートメントの1つに，「毒語」があります。毒語とは，川上さんの造語で，学習者の発達を阻害するようなネガティブな要素をもった言葉のことを意味します。残念ながら，この毒語の要素をもった言葉を耳にすることがあります。どういう言葉が毒語にあたるのでしょうか。

【毒語一覧】
■質問形式で問い詰めるような毒語
・「何回言われたらわかるの？」
・「どうしてそういうことするの？」
・「ねえ，何やってるの？」
・「誰に向かってそんな口のきき方をするんだ？」

■本当の意図を語らずに，裏を読ませるような毒語

・「やる気がないんだったら，もうやらなくていいから」
　　→本当は「やりなさい」の意味

・「勝手にすれば」
　　→本当は「勝手なことは許さない」の意味

・「あなたの好きにすれば」
　　→本当は「言うことを聞きなさい」の意味

■脅しで動かそうとするような毒語

・「早くしないと，〜させないから」

・「じゃあ，〜できなくなるけどいいんだね」

・「もうみんなとは〜させられない」

■虎の威を借るような毒語

・「お母さんに言うよ」

・「お父さんを呼ぶよ」

・「校長先生に叱ってもらうから」

■下学年の子と比較するような毒語

・「そんなこと１年生でもやりません」

・「そんな子は１年生からやり直してください」

・「保育園（幼稚園）に戻りたい？」

■指導者側に責任がないことを強調するような毒語

・「ダメって言ったよね」

・「もうやらないはずだったよね」

・「さっき約束したばかりだよ」

■見捨てるような毒語

・「じゃあ，もういい」
・「さよなら」
・「バイバーイ」

　どうでしょうか。日常的に耳にするような言葉もあり，ドキッとした方もいたのではないでしょうか。

　私は，毒語はフィードバックの典型的な誤用だと考えています。時に，感情に流されるまま，学習者の心が折れるまで，毒語が教師の口から吐き出されることがあるのです。

　そういう実態に触れるにつけ，私は，仮に先生方がフィードバックと教室マルトリートメントの違いを知っていたら，同じ対応をしただろうかという思いに駆られます。

　フィードバックも教室マルトリートメントも，学習者の行為に対して行われるという点では同じであるだけに，フィードバックに関する正しい知識があれば，学校から毒語は大幅に減るのではないでしょうか。

　そのように考えると，フィードバックについて学ぶことがいかに重要か，おわかりいただけると思います。

第3章

スクールフィードバックを機能させる【補強編】

SCHOOL
FEED
BACK

スクールフィードバックを機能させるには

■ INTRODUCTION

　スクールフィードバックを機能させるにあたって，真っ先に強調したいことがあります。それは，スクールフィードバックの効果は，教師と子供の信頼関係の強さにかかっているということです。

　例えば，子供が教師から「意外といいじゃん」という自己レベルのフィードバックを受けたとします。この言葉は，その子に対してもともとの期待が低かったようなニュアンスを含みます。一方で，予想以上にやれたことを称賛するような意味合いにもとれます。もし，教師子供間に信頼関係があったなら，子供はこの言葉を好意的に捉え，ハッピーな気持ちになるでしょう。逆にそうでなかったら，子供はむしろ屈辱的に感じるかもしれません。こうしたことからもわかるように，スクールフィードバックを機能させるには，何より教師子供間の信頼関係が大切なのです。

　意外かもしれませんが，ビジネス界でのフィードバックは，けっこう簡単です。なぜなら，そこに信頼がなくても，報酬によってある程度の関係が築けるからです。学校でも「ちゃんとやらないと通信簿を下げるよ」と評定をエサにしたり，「運動会で優勝すればケーキをご馳走するぞ」などとモノで釣るようなやり方が現実としてあります。しかし，多くの研究が，そういったやり方は，長い目で見るとマイナスの効果しかないことを指摘しています。つまり，報酬による関係性を構築することができない学校では，教師と子供は信頼関係によって結び付くしかないのです。

　今回の研修では，フィードバックをより効果的に機能させるための，①教師の考え方，②見取りの方法，③信頼関係の築き方，④安心できる教室づくり，の4つについて学びます。

01 適切な「観」をもつことの重要性

　教師が意思決定をする際に依拠するもの，あるいはその意思決定に大きな影響を与えるものは，その教師のもつ「観」（＝見方・考え方）だと言われています。正しい「観」が身に付いていなくては，教育が歪んでしまいます。そういった意味で，私は，教師が「観」を磨き，鍛え上げていくことがとても重要なことだと思っています。

「子供観」の大切さ

　大切な「観」の1つに「子供観」があります。**子供観とは，子供は本来どのような存在かという普遍的な考え方のこと**です。決して，自分が関わる子供の行為を一般化して述べるようなものではありません。

　そして，**「子供は，（本当は）もっとよくなりたいと思っている」という前向きな子供観をもっている教師ほど，子供と信頼関係を構築するのが上手**です。こうした子供観をもてるようになると，教師から見て「困った子」は，実は「困っている子」だったと気付きます。すると，「その子だって本当はよくなりたいのだ。でも，自分の力ではどうにもできなくて困っているのだ」と思えるようになり，それまでの自分の子供との関わり方や指導・支援の在り方を見直すようになります。

　私たちが，**子供のことを「もっとよくなりたいと思っている」存在だと信じることは，子供を能動的学習者と見なすのと同じこと**です。そういう見方ができれば，教師は子供の学びを待ったり，支援の役割に徹したりするようになり，これが新たな「指導観」につながります。

　もし，教師が子供のことを受動的な存在と見なしてしまったら，教師はすぐに指導しようとするでしょう。目標や内容はもちろんのこと，場所や時間，

教材などもことごとく決めてしまい，結果として，与え，指示し，教え込む教育が展開されることになります。

　これまで，多くの学校で，子供の主体的な学びを実現するための努力がなされてきました。

　しかし，それがなかなか実現せず，且つ，その試みが継続しなかった理由は，教師が適切な子供観や指導観をもてなかったことも大きな理由だと私は考えています。

　教師が，子供のことを能動的学習者と見なし，信じるからこそ，時間がかかったとしても，子供が自ら学ぶ教育が展開されるのではないでしょうか。

子供と強い信頼関係を結ぶために

　このように，人がどのように学ぶかについては，受動的な見方と能動的な見方があることがわかったと思います。子供は情報を流し込むための空っぽの器であり，学習は課されるものだと考えるのが受動的学習者観で，学びは子供の内から湧き上がってくるものであり，学習者が行うものだと考えるのが能動的学習者観です。

　では，子供と強い信頼関係を結べるのは，どういった「観」のもち主でしょうか。言わずもがな，後者のような「観」のもち主です。

　いまだに，受動的学習者観に基づいた指導の優位性を強調する教師が相当数いて，その主張のごく一部が正しいことは確かです。

　しかし，それが主流となっては，古くて悪い指導（古くてもよい指導はたくさんある！）が延々と繰り返されるだけです。

　それよりも，時代にマッチした，適切で前向きな「観」をもって信頼関係を築き，スクールフィードバックで子供たちを輝かせたいものです。

02 ┃ 「見取り」とは

　スクールフィードバックを適切に行うには，子供が置かれた状況に関する正確な情報収集と客観的分析が必要です。そのためには，適切な「観」に支えられた，精度の高い「見取り」が重要であり，これなしに，効果的なフィードバックなど行えるわけがありません。では，見取りとは一体どんなものなのでしょうか。

　「はじめに子どもありき」という言葉を聞いたことはありますか。これは，東京学芸大学名誉教授の平野朝久先生が提唱する教育理念です。

　平野先生は，教育においては，何よりも子供の実態を重視するべきであり，教師は子供の事実に基づいて，どのような支援をするかを決める必要があるとおっしゃいます。そして，**学びの主体者である子供の事実に立つことが「はじめに子どもありき」であり，その事実を把握するために行われるのが「見取り」**だと説明します。

　さらに詳しく説明すると，**見取りとは，「子どもの外面に表れた事実を根拠とし，手がかりとして，その事実から読み取りあるいは解釈して，子どもの心の内の真実に近づこうとする」**ことであり，また，**「子どもの内面すなわち子どもの心の内を，価値判断をせず，共感して，ありのまま，わかろう（感じることも含む）とすること」**（平野，2022）なのです。

　子供の内面は見えませんので，外面に表れた事実を根拠に読み取り，子供の心の内を探っていく必要があります。教師は，このようにして子供の行動，考え方，得意不得意，特徴などを理解するようになります。

　では，見取りのできる教師とそうでない教師とでは，指導にどんな違いが出るのか見てみます。以下は，見取りが働いていない教師の指導例ですが，こういう場面をよく見ませんか？

【場面】授業でペアワークを実施したら，学習者Aがふざけだした。

教　師：A，なにふざけてんだ。ちゃんとやれ！

Aさん：いや，ふざけてません…。Bが…。

教　師：へぇ，Bが悪いんだ。先生にBを叱れってことか？　そうなんだな！

Aさん：…。

教　師：仮にBがちょっかいを出してきたとしても，それを止めるのがお前の役目だろ！
　　　　何か言いなさい。

Aさん：…。

　この先生は，どうも表面的な事実にのみ意識が集中し，Aさんの真実に迫れていません。Aさんの真実とは，勉強がわからないことに対する憤りや不安だと予想されます。ふざけだしたのは，それが別な形で表出したと捉えるべきです。

　では，見取りの上手な先生はどう対処するのでしょう。こうした先生は，そもそも学習者にアプローチする際の出発点が違います。彼らは，日頃の見取りから，「Aは今の学習内容をあまり理解していないようだ」「だから，ペア活動を実施すれば，Aは仲のいいBとふざけるだろう」「指導の際，口下手なAは自分の思いを上手に説明できないから，配慮が必要だろう」といった予測的な見取り（見通し）をし，その上でアプローチします。

教　師：A，どうした？

Aさん：いや，Bが…。

教　師：ん？　Bがどうした？

Aさん：…。

教　師：A，今は何の時間？

Aさん：ペアワークをする時間。

教　師：だよね。でも，先生の勘違いかもしれないけど，Aがふざけているように見えたんだよ。

Aさん：…。

教　師：さあ，どうする？

A，B：まじめにやる。

教　師：だよね。よし，ちゃんとやろう。あっ，でもね，もしわからないところがあったら，それは先生の責任でもあるから，遠慮なく言ってね。

Aさん：…。

教　師：あれ？　もしかして，わからないところがあるんじゃない？

Aさん：（うなずく）

教　師：どれ，一緒に確認するか。

　このように，**精度の高い見取りスキルをもった教師は，起こることを予想し，それを現実と突き合わせ，それを子供目線で理解しようとするため，子供の内面の真実に迫る**ことができます。こんな先生のフィードバックだったら，子供も自然と受け入れるでしょう。

　こうした姿は，見取りなど意識することなく，表面的な統制をもって教育を進めようとする教師とは大違いです。

03 「教師2.0」時代

　最近は，物事の進化の過程を，「Society5.0」「Web3.0」のように「○○＋数字」で表すようになりました。

　ここでは，これを，教師にも当てはめてみましょう。

時代に合わせてどのようにアップデートしていくか

　受動的学習者観に基づき，一斉指導ばかりしているような教師を「1.0」，能動的学習者観に基づき，学習者中心の授業を実現しているような教師を「2.0」とします。

　「教師1.0」は，教壇に立ち，学習者と対面しながら自分自身が授業を進めます。こうした授業では，学習者のベストよりも教師のベストを優先せざるを得ません。そして，一人ひとりに目が届かず，小さな「つまずき」や「伸び」を見落とすので適切なフィードバックができません。

　「教師2.0」は，学習者を自発的で自律的な存在だと考えます。そして，一人ひとりの限られた時間を少しでも有意義なものするために，学習者と話し合い，相互に納得した学びをデザインします。

教師の役割は変化する

　こうした学びでは，学習者は自走するようになるので，教師の役割は指導者から「伴走者」へと変化します。その結果，教師は刻一刻と変化する学習者の様相から「つまずき」と「伸び」を見取り，適切なフィードバックを行います。

	教師1.0	教師2.0
マインド セット	教えている 指導している	支援している 伴走している
スキルセット	学びを「主導」する力	学びを「デザイン」する力
接点・ 人間関係	集団完結型	接続型
教え方	一方的 伝達する 指導事項のボトムアップ型	相互的 任せる，委ねる 目標からのトップダウン型
指導のベクトル	引っ張る	後押しする
教科書	教科書を教える	教科書を活用する
立ち位置	教室の前方中心	教室の側方と後方中心
目線	指導者目線	学習者目線
授業での発話	指示 説明 説諭	問い 称賛 励まし

『ビジネスエリートになるための教養としての投資』（奥野一成，ダイヤモンド社，2020）
を参考に佐々木が作成

04 | 見取りの「手掛かり」と「指標」

　見取りの機会は，学校に無数に存在します。しかしその見え方は，教師によってずいぶん違います。それぞれの「観」が，見え方の違いをもたらすのです。

　そして残念なことに，見え方が違うどころか，何も見えない教師もいます。実際，やみくもに見ていたのでは何も見えませんし，必死に見たとしても，見所が違えば目には入りません。

刷り込みがあると物事を正しく見れない

　自分では一生懸命見ようとしているのに，実際には何も見えていない現象を証明した，ハーバード大学心理学部の「見えないゴリラ」（YouTube 等で簡単に視聴できます）という実験があります。

　これは，バスケットボールの動画を被験者に見せる実験なのですが，そこには白いユニフォームと黒いユニフォームを着た選手が映っています。被験者は，映像の中の白いチームが何回パス回しをしているのか，その回数を数えるように言われます。

　これ自体はさほど難しくないのですが，驚くのは，「では，映像の中にゴリラが9秒登場していたことに気付きました？」と問われた時です。約半数の人が「気付かなかった」と答えるのです。

　普通に考えると，バスケットボールのパス回しの最中に，ゴリラが入ってきたら気付きそうなものですが，今回のように「白いチームのパス回し」というような**特定の情報が頭に刷り込まれると，私たちの視点はロックされてしまって，物事を正しく見取れなくなってしまう**のです。私自身，ゴリラの姿は全く見えませんでした。

この実験が示すのは，以下の点です。

・人は視界に入っているものをすべて見ているわけではない。
・人は，見ようと思っているものは目に入るが，そうでないもの（予期していない，注意していないもの）は見落としてしまう。

この実験は，何かにのめり込みやすい人ほど焦点が狭まって何も見えなくなるという，かなり残酷な現実を突き付けています。

見取りの「手掛かり」

「見えないゴリラ」の実験は，ただボーッと物事を見ていたのでは，見取りは難しいということを示しています。

では，教師は，何を，いつ，どのように見ればいいのでしょうか。こうした疑問の参考になるのが，子供を見取るための「手掛かり」と「指標」です。

まずは，子供を見取るための手掛かりについてですが，実は，手掛かりは学校生活にゴロゴロ転がっています。例えば，以下のようなものが手掛かりとなります。

	見取りの手掛かり
言語で表現された事実	授業での発言，つぶやき，テスト，ノート，ワークシート，カード，レポート，日記，作文，アンケートのコメント
非言語で表現された事実	学習者の体の動き，仕草，表情，態度，学習者の描いた絵，学習者のつくった工作や曲
その他	保護者等から知らされる家庭での様子，友人・同僚等から知らされる普段とは違った一面，アンケートから得られる数値データ

『「はじめに子どもありき」の理念と実践』（平野朝久，東洋館出版社，2022）の「第二章 子どもの見取り」を参考に佐々木が作成

ここで示された手掛かりは学校生活にあるうちのほんの一部であり，考えようによっては，学校生活のすべてが手掛かりとも言っても過言ではありません。

　大事なのは，ここに示したような手掛かりをきっかけとして，自分なりの視点を広めていくことです。

見取りの「指標」

　次に，見取りの指標について考えます。

　これについては，静岡県掛川市で校長をなさった鈴木功一先生の「観察の指標」が参考になります。

　鈴木先生は，学習過程において，子供たちが問題点に気付かなかったり，話し合いが堂々巡りしたりした場合，教師が一方的に指示を出すのではなく，教師が出るタイミングが重要であり，そのためには子供をよく観察することが大事だと言っています。

　「考え込む」様子1つでも，子供たちの姿は千差万別であり，鈴木先生は，そのような姿を「子供が『動く』時」と「子供が『動く』姿」にまとめて次ページから始まる表のような「観察の指標」を作成しました。

子供が「動く」時	子供が「動く」姿
考え込む	・口を閉ざす。 ・とんとんと頭をたたく。 ・遠くを見るような表情をする。 ・怒ったような顔をする。 ・口をもぐもぐしてつぶやく。 ・「ちょっと待ってよ，先生」 ・目を閉じる。
思い付く	・ぱっと明るい表情をする。 ・「あっわかった」「あっそうだ」 ・にっこりして挙手する。 ・急に行動を開始する。 ・周りの子に話し掛ける。 ・急いでノートにメモする。 ・声の大きな「はい」が出る。 ・当てられないと残念な表情をする。
追究が深まっていく	・一気に長くノートに書く。 ・わけがしっかり言える。 ・「あれ」「おや」と鋭く反応する。 ・「だったらなぜ」「それならどうして」 ・自分の意見に固執する（しつこさ）。 ・前に出て説明する。 ・黒板に絵や図を描く。 ・動作や喩え話を入れて話す。 ・発言に友の名を言う。 ・実物を持ってくる。 ・参考書や辞書を自主的に使う。 ・調査や見学を要求する。 ・インタビューしてくる。 ・既習事項とつなげて発言する。

	・なんとかして伝えようともどかしがる。 ・活動にのめり込む（仲間を増やす，逆に独り占めする，独り言を言う，鼻歌を歌う，汚れや冷たさを気にしない，参観者を気にしない，光る眼，意志のある行動をする）。
揺れる	・首を傾ける。 ・無口になる。 ・下を向く。 ・独り言を言う。 ・「なんだかわからなくなってきた」 ・「迷ってきちゃった」 ・「わけがうまく言えないけど」 ・いらいらしたりそわそわする。 ・やたらと話し掛ける。 ・体をしきりと動かす。 ・活動のスピードが落ちる。 ・活動から離れる。 ・（情報集めに）ふらふらと出歩く。 ・周りを気にする。 ・別な行動に手を出す。
落胆する	・残念がる。 ・悔し涙を流す。 ・ぶすっとする。 ・誰かのせいにする。 ・弁解する。 ・ぼんやりとつくったものを見つめる。 ・失敗したものを壊してしまう。 ・片付けに進んで取り掛かれない。

満足する	・「やったー」「できたー」
	・飛び上がる。
	・歓声を上げる。
	・飛び回る。
	・にっこり笑う。
	・友を自然に褒める。
	・ゆったりいい表情になる。
	・「今日，面白かった」
	・「私，頑張ったでしょう」
	・「もっと続けよう」「またやりたい」

鈴木功一先生の「観察の指標」を『学びの哲学―「学び合い」が実現する究極の授業』（嶋野道弘，東洋館出版社，2018）を参考に佐々木が改変

このように，わずか1つの事象に対しても，子供は多彩な姿を見せます。

例えば，子供が活動中につぶやく言葉や表情，または子供同士が話し合う内容から，彼らの内面に何が起こっているかを見取ることができます。

また，作品の内容や制作過程を分析すると，子供たちの考えやアイデアを見取ることもできます。

特に，子供たちの自発的な発言や記述は，彼らの思考プロセスを見取るための貴重な手掛かりとなります。

教師は，こうした多彩な姿を見落とすことなく，その場で子供が行っている活動との関連性を考慮しながら，子供がどのように感じ，どのように考えを進めているのかに迫る努力が必要です。

子供は，そうした教師の姿勢に触れてこそ，心を開くようになり，心を開いてこそスクールフィードバックの土台となる強固な信頼関係が構築されます。

05 | 授業のセルフフィードバック

　多くの方は，運動や習い事をしたことがあると思います。例えば書道の場合，先生からお手本をもらうと，それに近づくように繰り返し練習することで上達していきます。

　こういったことが，私たちの授業でも可能です。私は，自分の理想とする授業を実現するために，目指す学習集団と指導のイメージをできるだけ具体的に書き出すようにし，それを自分で自分の授業を振り返る際の見取りの視点としていました。

　こうした視点をもって授業に臨むと，自分の指導や学習者の姿を俯瞰できるようになり，自分に対する「情報通知」を得ることができます。また，そこから「立て直し」を意識すると自己調整が働き，日々授業改善に取り組むようになります。

　このように，**自分で自分にフィードバックを行うことをセルフフィードバック**と言います。

　また，多面的・多角的な見取りを実現するために，次ページ上の表のような「教師の前・横・後」というキーワードを自ら設定し，意識的に授業の立ち位置を変えることで，教室の様々な角度から授業や子供の様子を観察しました。

　そうすると，教壇から見下ろすのとは全く違った景色が広がりました。おしゃべりだと思っていたのが実は必要な話し合いだったり，まじめにやっていると思っていた子が意外とてきとうだったりして，まさに「見えないゴリラ」状態だったことを痛感します。

教師の前	授業序盤，教室の前で学習者と向かい合うイメージ
教師の横	授業中盤，教室の横で学習者の活動を見守るイメージ
教師の後	授業終盤，教室の後ろで自らの指導を振り返るイメージ

現在，私たちが単元を構想する際には，子供に身に付けさせたい資質・能力から出発し，バックワードでデザイン（逆向き設計）することが求められています。これは，私たちの授業についても言えることで，**自分が目指す授業の型があるからこそ，セルフフィードバックで授業改善**に取り組むことができます。

このように，**自身の授業における見取りの視点をあらかじめ設定しておくと，授業展開や指導のポイントがたちどころに明らかになり，授業力アップに大きく貢献**します。下記の表にその例を示しておきましたので，ぜひお試しください。

理想とする学習集団のイメージ	理想とする指導イメージ	
・リラックスした雰囲気がある。 ・English-ready な状態にある。 ・ICT 機器の準備，プリント配付等，係活動が自律的に機能している。 ・授業の準備や着席に向け，互いに声を掛け合っている。 ・前時の授業内容について互いに確認し合っている。	・学習者の表情・体調を確認する。 ・教科と関係のない話をして場を和ませる。 ・歌，クイズ，動画等で English-reday な状態をつくる。 ・コンパクトでディープインパクトな学習課題を提示する。 ・期待感と見通しをもたせる。	教師の前

・課題解決への見通しをもち，互いに作用し合いながら活動している。 ・各自学習ツールを使いこなし，協働して課題を解決している。 ・全学習者が学びに没頭している。 ・気軽に助けを求める雰囲気がある。	・活動の様子を見守る。 ・必要に応じてアドバイスや手助けをする。 ・ファストラーナーを優先的に指導し，教師役に仕立てる。 ・スローラーナーを支援する。	教師の横
・授業の様子を振り返っている。 ・仲間の頑張りを称賛している。 ・次の授業で気を付けるべき点を集団で確認している。 ・互いに声を掛け合って家庭学習のポイントを確認している。 ・和やかに授業を終えている。	・教室を学習者目線で見回し，自らの指導を振り返る。 ・学習者に，学習内容と学びの姿を振り返る視点を与える。 ・よかった点を褒める。 ・次の授業へ見通しをもたせる。 ・授業と家庭学習をつなげる。	教師の後

06 | 子供の人生をも左右する見取り

　見取りは，時として子供の人生を左右します。これは，決して大げさなことではありません。

　教室には，家庭に問題のある子，身体に問題のある子，難病を患う子，発達障害のある子など様々います。本来，どの子だって学ぶ意欲があり，見取りを働かせ，その心に本気で寄り添えば，彼らは必ず応えてくれます。

　『「はじめに子供ありき」の理念と実践』（平野朝久，東洋館出版社，2022）の第Ⅱ部，第二章には「五，子どもと共に歩む」という項目があります。

　ここでは，実際に子供の人生を左右した，見取りにまつわる感動的なエピソードが紹介されています。

　これを執筆した植松比名子さん（元山形県公立小学校教諭）は，高機能自閉症と精神疾患を抱える子供と一緒に，何度か精神科の医師を訪れたことがありました。音や集団が苦手で，パニックを起こしてしまうことがあるその子に，医師は問い掛けました。「パニックを起こした時のことを覚えている？」。すると，その子は「覚えている時といない時がある」と答えました。その返答を受け，医師は植松さんと保護者に次のように言いました。

「この子の表情をよく見ていてください。我慢できないかどうか，我慢できた時はどうしてできたのか。様子などを丁寧に記録しておくことが，この子が自分で折り合いをつけて生きていくために必要なことです。この障がいには一生付き合っていかなければならないのです。乗り越えられる方法を子どもと共に手探りで探してあげてください」

　植松さんは，「子どものちょっとした仕草を観察し，表情の変化を見逃さず，そこから子どもの心を想像し，寄り添っていけば，子どもがこれから学

ぶ道，生きていく道を探すことができる」と言います。まさに，見取りが子供の人生を左右するのです。

　植松さんのご指導が相当すばらしかったのでしょう。その子は，障害が引き起こす様々な問題に苦しみながらも，学校を休むことを選択しなかったということです。障害のある子供とその保護者が，人生をかけた問題と真正面から向き合うカギとなったのが，まさに「見取り」だったのです。

　ところで，子供には，「ああ，先生は自分のことをわかってくれている」と思える瞬間があります。それは，一体どんな瞬間でしょう。

　それは，自分でもよくわからないけども，モヤモヤ，イライラしている自分の気持ちを先生が見取り，理解して，それを自分では言語化できないような適切な言葉で言い表してくれた時です。

　皆さんの周囲にも，「ムカつく」「ウザい」など，周囲を不快な思いにさせる暴言を口走る子供がいるはずです。そんな子は，自分の内面を整理したり，適切に言語化するスキルを身に付けていないのです。教師であるならば，彼らの姿を見て，自分の気持ちを適切に言語化できていないのだと理解できれば，まずは適切な行動の仕方について教えようという発想に立つはずです。

　教師とは，このような共感的な姿勢や構えがあってこそ，子供の真実の声に耳を傾けられるようになり，そして，子供の内面を推量したり，内面世界に近づいたりすることができます。子供は，そうした教師の姿勢を敏感に感じ取って，素直に表現したり行動したりするようになります。

　そうすると，そこには見取りの好循環ともいうべきサイクルが発生し，教師は子供のことを一層捉えやすくなるのです。

見取りの注意点

「見取り」で注意したい３つのこと

　見取りに際して，注意すべきことがいくつかあります。ここでは，そのことについて３つに分類し，解説を進めていきたいと思います。

相手を自分勝手に解釈しない

　まずはじめに，教師が注意したいことは，**教師が自分勝手な解釈をしないこと**です。

　子供は説明のつかない行動をすることがありますし，行動の原因が心の中にあるとは限りません。**相手を自分勝手に解釈するということは，相手を枠にはめることになりますし，自分自身の思考にさえも制限をかけることになります。**

相手に対して敬意をもつ

　次に注意すべきは，**相手に対して敬意を払うこと**です。

　見取りとは，人の心をわかろうとすることですから，そこには謙虚さが必要です。もし皆さんが友人から勝手に胸中を想像され，勝手にわかった気になられたら不愉快だと思うのです。ですので，子供の内面理解の手伝いをさせてもらうくらいの謙虚な心構えが必要だと思います。

その子の気持ちを完全に理解することはできないと覚る

　最後に，教師は，**自分がどれだけ努力したところで，その子の気持ちを完全に理解することはできないと覚る**べきです。

　人が客観的に他者を判断するのは難しく，その判断は，人の理解力，物事に対するよしあしの感覚，厳しさと甘さ，無意識に染み付いた偏見といったものが色濃く反映されます。だから，あの先生はこれをAと言っても，この先生はBと評価するようなことが起こるのです。

　教師はむしろ見取りの不完全さを前提とし，常に修正したり，他の教師の見取りと比較したりして，見取りがより正確になるように努力する必要があるのです。

　「真実の源」という言葉があります。これは，自分は間違いを犯さない存在であり，評価するに足る人間だと考えることです。

　傲慢な教師には，こうした姿勢が見られます。でも，実際の人間は「誤りの源」です。完璧な人間などいないのですから，子供の前だからといって肩肘張らず，正直に，そして謙虚に向き合うのがいいのではないでしょうか。

　適切に子供を見取っていくために，これらの3つは外せないポイントとなります。

マズローの欲求5段階説

　子供のためを思い，こちらとしては一生懸命働き掛けたつもりでも，子供はそんなのお構いなしに反抗的な態度をとったり無視したりすることがあります。こんな時，教師はどういった態度をとればいいのでしょう。

　もし一瞬だけ満足したいのであれば怒ればいいですが，後悔したくなければ我慢するべきです。不愉快な思いをグッと飲み込んで相手を受け入れる，つまり，相手を「承認」するのです。

　アメリカの心理学者，アブラハム・マズロー（1908-1970）は，「マズローの欲求5段階説」というもの考案しました。人間の欲求は，5段階のピラミッド（下図）のように構成されていて，下位の欲求が満たされると次の段階

説明	欲求	分類	分類
自分のもつ能力や可能性を最大限に発揮したい　等	自己実現の欲求	精神的欲求	成長欲求
自分が集団から存在価値を認めてもらい尊重されたい　等	承認の欲求	精神的欲求	成長欲求
家族・集団をつくり，どこかに所属しているという満足感を得たい　等	愛と所属の欲求	物質的欲求	欠乏欲求
安全な環境にいたい，経済的に安定したい，健康を維持したい　等	安全の欲求	物質的欲求	欠乏欲求
生命維持のために食べたい，飲みたい，眠りたい　等	生理的な欲求	物質的欲求	欠乏欲求

の欲求を抱くとする心理学の理論です。そのうち上から2番目のレベルに，「承認欲求」というものがあります。

　承認欲求とは，自分の存在価値を認め尊重してほしいという欲求です。自分に自信がなく自己肯定感が低い子供ほど，教師に反抗的だったり失礼な態度をとりがちですが，その裏には強い承認欲求を隠しもっています。この承認欲求は，以下の4つに分類されます。

①結果承認

　期待されている結果を出してくれた時，それについて具体的にフィードバックをするのが結果承認です。結果を認め，成功体験を子供と共有することで人間関係を構築します。

②行為承認

　結果のよしあしにかかわらず，相手が行っていることを承認するのが行為承認です。結果が出る前から行為を承認されると，人は「これでいいんだ」と思い，やる気や自信が生まれてよい結果を出しやすくなります。

③存在承認

　相手の存在そのものを認めて大切に扱うのが存在承認です。存在承認では，「おはよう。元気か？」「困ってることないか？」といった挨拶や声掛けで相手にリスペクトを示し，関係性を強化します。

④可能性承認

　将来の可能性を信じ，それを応援するのが可能性承認です。これは，未来に向けたメッセージとも言えます。こうなってほしいという改善のポイントを，期待を込めて肯定的に伝えます。

　ＳＮＳが普及した昨今は，個人が社会に対して手軽に情報を発信できるよ

うになりました。これに伴い，それを見た人が「いいね！」で手軽に反応できるようになり，双方向のコミュニケーションが活発化しています。このため，ＳＮＳを使い慣れている若者の承認欲求が，どんどん高まっていると言われています。

　こんな時代だからこそ，教師は４つの承認を使い分け，要所で子供の承認欲求を満たすスキルが必要だと思います。それができれば，子供は自己肯定感を高め，教師に対する否定的な態度を減らし，良質なコミュニケーションをとろうとするでしょう。

　結果として，子供と教師の間には，強固な信頼関係が生まれるはずです。黙っていても子供が言うことをきく時代など遥か昔のことです。刻々と変化する時代背景を踏まえながら，教師側から積極的にアクションしなくては，信頼関係など容易には構築できないのです。

結果承認 ほめてくれた！	可能性承認 信じてくれた！ ↓ 改善するぞ！ もっと頑張るぞ！
行為承認 認めてくれた！	
存在承認 見てくれた！	
現在／過去	未来

09 | 間違いや失敗を歓迎する教室

　今や史上最高の野球選手とも称されるロサンゼルス・エンゼルス大谷翔平選手が，アメリカのクラウド型ソフトウェア企業であるセールスフォースのＣＭに出演していました。

　そのＣＭの中で，大谷選手は，自分自身の失敗経験を数字にしてまとめています。

　大谷選手ほどのプレイヤーでも，プロになってからの三振の回数，打たれたヒットやホームランの数，失点，チャンスの場面での凡退の数…，数えきれないほどの失敗を重ねていることがわかります。また，大谷選手のおかげで現在は聞き慣れたフレーズになった「二刀流」についても，たくさんの人から「無理だ」と言われたことを明らかにしています。

　ただ，そのＣＭの最後では，このような締めくくりの言葉が加えられています。

　　でも，二刀流が無理だと思ったことは一度もない。
　　失敗の数だけ，僕たちは成長できる。

大谷選手でさえ，これだけ多くの失敗を重ねています。というよりも，こ
れだけ多くの失敗を重ねたからこそ，今の大谷選手があります。

　**学校での間違いや失敗は，子供がまだ熟達していなかったり，知識や技能
が足りていなかったりすることを知らせる子供からのフィードバック**です。
そして，子供たちが何かにチャレンジした証でもあります。

　とはいえ，子供は知らないことや間違うことを嫌がります。

　ここで生まれる不安によって，行儀が悪くなり，気を散らし，騒ぎ，関わ
ることを拒み，退屈した様子を見せ，時には逃げようとする子供が生まれま
す。

　こうした傾向は，学年が上がるにつれて顕著になり，自分ができないこと
をさらけ出すことからどんどん遠ざかっていきます。

　こうしたことからもわかるように，教室から不安を取り除くことは，子供
にとってとても大切なことなのです。

　**子供が安心して間違えられるようになるには，クラス全体として，間違い
を受け入れる練習が必要**です。それには，ロールプレイ（役割演技）が効果
的です。ロールプレイを通して，子供たちに間違いを経験してもらいます。
そして，間違いや失敗を犯しても，仲間から温かく受け入れてもらう経験を
すると，子供の意識や考えは変わります。

　あまりお勧めはしませんが，ショック療法として，冷ややかな態度をとら
れる経験をさせるのも手ではあります。

　しかし教師としては，日頃から，間違いや失敗のポジティブな面に焦点を
当て，子供たちの認識を変えるように努めましょう。教師がこうした姿勢を
大切にすれば，子供たちは間違いや失敗に対する考え方を変え，むしろそれ
を歓迎する雰囲気が生まれます。

　教室に，間違いや失敗を受け入れる文化があれば，子供は安心して物事に
取り組めるようになります。そして，**子供が安心して素の自分をさらけ出せ
るようになると，見取りは容易になり，その結果，フィードバックがしやす
い心地のよい教室**が生まれます。

名も無きフィードバック

　最近，「教えない教育」や「教師のいらない授業」というフレーズをよく見聞きするようになりました。

　これらの本質は，教師による一方的な指導を改め，真に子供たちが主体となって学ぶ教育を実現しようということだと思います。

　私自身，キャリアが浅い頃は，自分自身が一番熱量高く，独りよがりで教材研究や授業に没頭していたように思います。

　しかし，ある程度経験を積んでからは，そんなスタイルに疑問をもつようになりました。

　授業の主役は子供のはずなのに，自分は子供を喜ばせることばかり考えていて，主役であるはずの子供を観客にしていたことに気付きました。

　そうなってからは，活動よりも1時間の授業を，1時間の授業よりも単元を意識した指導計画を重視するようになり，さらに，最小限の発問で，最大限のパフォーマンスを引き出すにはどうすればいいのかを考えるようになりました。

　生意気にも，授業者である自分が，一言もしゃべらない授業を研究集会で公開したこともありました。

　「教えない教育」や「教師のいらいない授業」というと，そんなのあり得ないと思われる先生方もいらっしゃるでしょうが，これは，教師が授業に関与しなくても，子供たちが自主的に学びたくなるぐらい面白い学びをデザインできていて，教師が手を貸すのを子供たちが嫌がるくらい子供が育っていればこそ可能なことなのです。

　こう言うと，まるで新しい指導法のように聞こえるのですが，こうした指導は，実ははるか数十年前には確立していました。

　皆さんは，大村はま先生をご存じでしょうか。ある程度キャリアのある先

生ならご存じと思いますが，若い先生ならもしかしたらご存じない方もいらっしゃるかもしれません。

　大村はま先生は，中学校や高校の教壇に52年間も立ち続けた伝説の国語教師です。

　1947年の学校制度改革で義務教育になったばかりの新制中学校に赴任した大村先生は，机も教科書もない荒れ果てた焼け野原で，勉強嫌いの子供たちに体当たりの教育をしました。

　大村先生には，『教えるということ』という名著があります。

　この中で，大村先生が指導を受けていた奥田正造先生から聞いた話として，次のような話が紹介されています。

　　仏様がある時，道ばたに立っていらっしゃると，一人の男が荷物をいっぱい積んだ車を引いて通りかかった。

　　そこはたいへんなぬかるみであった。

　　車は，そのぬかるみにはまってしまって，男は懸命に引くけれども，車は動こうともしない。

　　男は汗びっしょりになって苦しんでいる。いつまでたっても，どうしても車は抜けない。

　　その時，仏様は，しばらく男の様子を見ていらっしゃいましたが，ちょっと指でその車におふれになった。

　　その瞬間，車はすっとぬかるみから抜けて，からからと男は引いていってしまった。

『教えるということ』共文社（1973）

　奥田先生は，大村先生にこのエピソードを紹介し，「こういうのがほんとうの一流の教師なんだ」と言いました。

　これがまさに，先ほどの「教えない教育」や「教師のいらない授業」に通ずるのです。

男は，仏様の指の力にあずかったことに永遠に気付かないでしょう。たぶん，自分が努力して，ついに引き得たという自信と喜びとで，その車を引いて行ったはずです。

　「教えない教育」「教師のいらない授業」というのはまさにこれと同じで，実は教師は授業で起こることは何でもお見通しなのですが，それを承知で子供たちに預け，子供たちの手柄としているのです。

　これを一流と呼ばずして，何を一流とするのでしょう。

　どんな教師だって，子供の成長のためにいろいろなことをします。子供はそれに気付いて感謝します。

　それはそれですばらしいことなのですが，そういうことを超えて，教師がしたということを感じさせず，常にさりげなく陰で子供を支えていくことは簡単なことではありません。

　教師に限らず，私たちは他人のために何かをすると，自分がしてあげたと言いたくなります。表に出さなくても，そういう気持ちになりやすいのは事実です。

　でも，教師が恩着せがましい気持ちをもっている限り，もし子供が期待どおりにならなかったとしたら，不満を抱きはしないでしょうか。

　私は，仏様が男にした行為は，フィードバックだと思っています。なぜなら，本人は気付いていないけれど，この行為によって，男は目標を達成し，自尊心を高め，次に向かっていく勇気をもらったのですから。

　だから，私はこれを，研究によってカテゴライズされていない「名も無きフィードバック」だと思っています。

　子供のためにしたことを，その子供から感謝されて喜ぶのを超えて，子供が成長していく姿を喜びとできるようになれたら，本当にすごいことです。

　こうした，教師が教えないで教える授業の実現は，まさにプロフェッショナルな営みであり，時空を超えて，卓越した教師が身に付ける，今も昔も変わらずに新しい指導スタイルなのです。

第**4**章

スクールフィードバックを支えるスキル【技術編】

SCHOOL
FEED
BACK

00 子供の思考や思いを可視化する

■ INTRODUCTION

　思考は頭の中で行われるので，外からは見えません。でも，思考は行為として表れます。例として，付箋について考えてみましょう。考えが広がると付箋が増え，考えが深まると付箋が減り，考えがまとまると付箋が集中し，考えがつながると付箋がつながり，考えが整理されると付箋が分類される，といった具合に，思考は行為として表れます。

　今回の研修では，このように本来なら見えないものを見えるようにする技術＝「可視化の技術」を学んでもらいます。もし，子供の頭の中や心の内が見られたなら，フィードバックは圧倒的にしやすくなるはずです。

　では，子供の思考や思いを可視化するにはどんな方法があるのでしょう。学校においては，以下の方法が考えられます。

　　・文で可視化する。
　　・図や絵で可視化する。
　　・アンケートで可視化する。
　　・写真で可視化する。

　通常，教師は子供の行動観察や発言内容から子供を見取ります。しかし，学級全体の行動を一度に把握することは難しいですし，全員が授業に積極的な姿勢で臨めるわけでもないので，子供たちの言動だけで全体像をつかむことは不可能です。

　そこで，そのままにしていたのでは，その場，その瞬間に消えていたはずの子供の思いや考えを記録して可視化することは，スクールフィードバックを充実させるには欠かせない技術と言えます。

心理的不安や困難をあぶり出す「ＳＣＴ」（文章完成法テスト）

　可視化の技術の１つ目として，「ＳＣＴ（Sentence Completion Test）」を紹介します。これは，「最近，授業では…」のような不完全な文章を子供に提示し，その後に思い付く文を自由に記述してもらうテストです。

　ＳＣＴはもともと性格検査ですが，同時に，書かれた内容を分析することで，**いじられている，虐待を受けているなど，強いストレスに晒されている危機に瀕した子供を探し出す**ことができます。

ＳＣＴ例1

４月の気分は（　　　　　）点でした。
今の気分は（　　　　　）点です。
最近，授業は（　　　　　　　　　　　　　　　　　　）。
最近，学校は（　　　　　　　　　　　　　　　　　　）。
最近，家では（　　　　　　　　　　　　　　　　　　）。

　これは，教育相談を専門とする私の上司，青森県教育庁東青教育事務所・山下孝子主任指導主事が実際に使っていた「ＳＣＴ」です。

ＳＣＴ例2

私のことをわかってくれるのは（　　　　　　　　　　）。
この頃気になるのは（　　　　　　　　　　　　　　　）。
１つだけ願いがかなうなら（　　　　　　　　　　　　）。

こういった文も考えられます。文に決まりはありません。

通常のいじめアンケートなどの場合，子供の年齢が上がるほど，「いじめを受けていますか？」のような直接的な質問には，「ありません」と回答する傾向が見られます。また，カツカツといった筆記音が周囲の注目を集めるため，書くこと自体を嫌がる子供がたくさんいます。

　こうしたことから，工夫のないいじめアンケートについては，以前からその実効性に疑問がもたれてきました。

　その点，このＳＣＴは，子供たちに間接的な聞き方をするので，子供たちは記述に抵抗感を示しません。また，全員が記述することになるので，筆記音も気になりません。

　ＳＣＴは，他の検査のようにスコアリングがありませんので，実際に文章を書かせたら，分析と解釈の観点から文章を読み解きます。

■分析のポイント

・字の大きさ，色の濃淡，文章の正確さ，筆跡，行間など。
・全体を読んでの，知的，情意的，指向的印象など。

■解釈のポイント

・容姿，健康，体力などが何か影響を与えていないか。
・家族構成，家族の特性，保護者の収入，家庭の雰囲気などが何か影響を与えていないか。
・友人との関係，教師との関係，学級での自分の立ち位置などが何か影響を与えていないか。

　例えば，例１の「最近，授業は」という質問では，子供の回答からどんな読み解きが働くでしょうか。「最近，授業は　超楽しい！／わかりやすい／面白い／理科がいい」のような回答をした場合は，子供に大きなストレスはなく，授業に順応できていると読み解けます。

　一方で，「最近，授業は　クソつまんねー／最悪／眠い／英語だりー」の

ように回答した場合は，明らかに何かのストレスを抱えているので，その原因を探ったり，状況によっては真っ先にその子の支援に回ったりします。

　難しいのは，例２の「私のことをわかってくれるのは」のような質問に対して，ふざけてマンガのキャラクターや芸能人の名前を書いたり，無回答で提出する子供をどう解釈するかということです。

　これは，ケースごとに解釈が割れるため，他の複数の情報を持ち寄って多面的・多角的に検討する必要があります。こうしたことから，ＳＣＴの解釈は複数の教師で行うのがよいとされています。また，教師の中に，子供の解釈に鋭い視点をもつ練度の高い教師がいれば，子供の解釈の正確性はさらに上がります。

　ＳＣＴのよい点は，緊急性の高い案件を比較的簡単にあぶり出せることです。例えば，例２の２つ目の質問，「この頃気になるのは」のような質問は，「なんかいじめがあるような…」や「学級の雰囲気が悪いこと」などのように，被験者本人の情報以外にも，学級全体の様子を読み取れる可能性があります。これにより，いじめなどを早期発見できる可能性が高まります。

　また，「１つだけ願いがかなうなら」のような質問をすれば，緊急対応を迫られている子は，「○○に死んでほしい」「家で温かいご飯を食べたい」「家族から逃げたい」などと書くはずです。教師は，こうした訴えを絶対に見逃さぬよう，複数の目で，注意深く文を読み説く必要があります。

02 人間関係が一発で可視化される 「指示観察法」

　可視化の技術の2つ目は，「指示観察法」という初歩的で超お手軽なスキルを紹介します。

　教室の人間関係って，目には見えませんよね。ある程度知った仲になればそれもだんだん見えてきますが，中学や高校では週に1回程度しか授業がない教科もあり，人間関係の把握が容易でないことがあります。

　そんな場合でも，ものの数分で人間関係を可視化できるスキルがあります。授業でこんな指示を出してみてください。

「ここからは自由に立ち歩き，友人と自由に意見交換してください」

　こういった指示を出すと，子供たちはすぐに仲のいい友人のもとへ向かいます。するとたちどころに人間関係が明らかになります。誰と誰の仲がいいのか，人気者は誰か，孤立してるのは誰か，教えているのは誰か，教えられているのは誰かなど，一瞬で様々な情報が可視化されます。

「指示観察法」で自由に歩き回って質問し合っている様子

03 | 自分の授業力が可視化される 「授業改善アンケート」「教師通知表」

　大学では，教員が学生から評価を受けるのは当たり前ですが，小中高ではあまり聞いたことがありません。

　人によっては，「なんで私が子供から評価を受けなきゃいけないのか」と思う方もいるかもしれませんが，それは教師1.0の古い考え方です。

　授業の主役は子供なのですから，その主役が授業についてどう思っているかが一番大切です。

　私は子供たちに「授業は学習者と教師が共につくり上げるものだ」と言ってきた手前，年に2回，アンケートで自分の授業を子供たちに評価してもらいました。「先生のダメなところは必ず直すから，正直にアンケートに記入してほしい」とお願いすると，それまで気を遣って見せなかった子供の本音が可視化されるようになります。また，教師の思いと子供の実態には，どんな乖離があるのかもわかるようになります。例えば，こちらはしっかりと説明したつもりなのに，実は子供たちにはそれが全く伝わっていなかった，などというケースが判明するのです。

　年間を通じて子供たちの本音を可視化し，子供からのフィードバックを基に授業改善をするというギブアンドテイクの関係を大切にしていくと，授業力が上がるばかりか，子供との間に絶対的な信頼関係を構築することができます。仮に，無理な要求や的外れな批判をする子がいたとしても，丁寧な対応を心掛けてください。そんな子に限って，後々，頼もしい教師の応援隊になってくれることが多いのです。

前期　英語　授業改善アンケート

このアンケートでは，授業をより良いものにするために，皆さんから率直な意見を聞きたいと思っています。
どうかご協力をお願いします。

（1）指示・コミュニケーションは英語，説明は日本語
　■取組のねらい：
　　英語の授業は原則として，「指示・コミュニケーションは英語，説明は日本語」という方針で行っています。そこで，英語・日本語の使用頻度が皆さんにとってどうだったか教えてください。

　　1　良かった　　2　どちらかといえば良かった　　3　どちらかといえば良くなかった　　4　全然良くなかった

【評価の理由やさらなる改善案をできるだけ具体的に書いてください】

（2）ペア・グループでの speaking 活動（sushiro, trio-discussion, re-telling 等）
　■取組のねらい：
　　授業の冒頭や ALT の訪問時には，前に習ったことを使って，できる限りペアやグループでの speaking 活動を取り入れてきました。この取組をどう感じるか教えてください。

　　1　良かった　　2　どちらかといえば良かった　　3　どちらかといえば良くなかった　　4　全然良くなかった

【評価の理由やさらなる改善案をできるだけ具体的に書いてください】

（3）サイトラ
　■取組のねらい：
　　①「聞く・話す・読む・書く」をまんべんなく鍛える，②生徒主体となってペア活動で行う，③やり方がわかれば一人で学習を進められる，ことを目的にサイトラを行っています。

　　1　良かった　　2　どちらかといえば良かった　　3　どちらかといえば良くなかった　　4　全然良くなかった

【評価の理由やさらなる改善案をできるだけ具体的に書いてください】

（4）授業で，支持できる・良かった・続けてほしい・印象に残っている，ことを教えてください。

（5）授業で改善してほしい点があったら教えてください。

（6）最後に，より良い授業をつくるために何か意見があったら自由に書いてください。

_____年　男 ・ 女

アンケートへのご協力，ありがとうございました。貴重な回答を，今後に活かしていきます。

　これは，私の尊敬する友人である広島県福山市立福山中高等学校の上山晋平先生の実践を参考にして作成した「授業改善アンケート」です。

社会科教師通信簿

年　　組　　番　名前

　1学期は皆さんのおかげで、とても楽しく授業をさせてもらいました。2学期はさらに頑張りたいと思っていますので、私の授業に対して評価をお願いします。

　A（大変よい）・B（まあまあよい）・C（少し改善が必要）・D（ほとんど改善が必要）の4段階で評価してください。

評価項目	評価
① 声の大きさやスピード、話し方	
② 黒板に書く字の大きさやスピード	
③ 授業中の表情	
④ 予習プリントを使うこと	
⑤ 「なるほど…」プリントの内容	
⑥ 確認テストをすること	
⑦ ウルトラ（黒板に書いてある内容）を書くこと	
⑧ 発表させる内容、回数	
⑨ 「今日のテーマ」の内容（考えやすい内容になっているか）	
⑩ ノートのつくり方	
⑪ 宿題の量、内容	
⑫ 宿題を出すタイミング	
⑬ テスト前に（復習の）まとめテストをすること	
⑭ テストの内容や量	
⑮ テスト後の解説・テスト直しの方法	
⑯ レポートの課題内容	
⑰ レポート交換会の方法	
⑱ 評価カードを付けること	
⑲ ノートや宿題の確認方法（コメントの内容なども）	
⑳ 皆さんの学力アップに努めようとする情熱	

　最後に、授業についての感想や疑問、意見・提案などがありましたら自由に書いてください。

通信簿の記入、どうもありがとうございました。

第4章

スクールフィードバックを支えるスキル【技術編】

　これは，私の上司である青森県教育庁東青教育事務所・山下孝子主任指導主事が使っていた「社会科教師通信簿」です。

97

自分の指導のクセを可視化し，アンラーンを意識する

　教師の授業づくりとは，本来は子供の実態に合わせて展開するべきものです。ところが，多くの教師は個人特有のクセをもっていて，その部分が集団とミスマッチを起こすといい授業は成立しません。

　最近は，「アンラーン（unlearn）」という言葉を聞くようになりました。**アンラーンとは，「これまでに身につけた思考のクセを取り除く」**（『Unlearn（アンラーン）　人生100年時代の新しい「学び」』，柳川範之，為末大，日経BP，2022）ことです。

　「今まではこうだったから」といった思考のクセは，教師の柔軟な発想を妨げ，本来だったらできたはずの意味ある選択をできなくする可能性があります。また，思考のクセの存在が，長期的には教師の成長を止めてしまうことだってあります。

　こうしたことから，授業アンケートを実施し，子供から正直なフィードバックをもらうことで，自分の指導を振り返ることはとても重要なのです。そうすると，**今までは自分でも見えなかった指導のクセが可視化され，不必要だと思える部分を大胆にアンラーンすること**ができるようになります。

　アンラーンは，決して自分自身の指導力の否定ではありません。これまで行ってきた自分の指導技術を見つめ直し，さらなるレベルアップにつなげるためのプロセスです。そして，これまでの取り組みをよりよく生かし，今後も末永く活躍し続けるための重要なステップです。

　もちろん，ラーン（learn 学ぶ）することは大切です。しかし，今の先生たちには，もしかしたらアンラーンすることも同じくらい大切かもしれません。なぜなら，**アンラーンすることは，自分自身にこびりついて離れない思考，無自覚に繰り返している行動，何気なく多用している言葉など，「パターン化された罠」にハマらない，新しい自分との出会いを提供してくれる**かもしれないからです。

04 消えてなくなる子供の思いを可視化する「写真観察法」

　現在はスマホの普及により，いつでも誰でも写真を撮影し，簡単に記録を残せるようになりました。以前の学校では，ケータイを持って授業に行くなどもってのほかとされていましたが，最近は，何かあると先生方も気軽にポケットからスマホを出して撮影しています。

　写真は，目に見える事実を正確に記録することができるので，浮かんでは消えていく子供たちの表情を捉えるには効果的です。

　この写真は，通常の学級で学ぶ，自閉症スペクトラム障害のある子の写真です。彼の特性は，相手の都合に構わず話しかける，授業中に突然歩き回る，予定変更に対応できない，といった感じでした。

　中学校に入るとこの特性が目立ってしまい，本人なりに相当ストレスを感じていました。そしてある時から，彼はストレスが爆発すると，時間も場所も関係なくふて寝をするようになってしまいました。いくら起こそうとしてもテコでも動きません。

　保護者にこのことを電話でお伝えすると，その様子を見てみたいから写真を撮ってほしいと頼まれました。こうして撮られたのがこの写真です。

学級担任は学級全体の引率があるため，全校集会や学校行事の際に，この子の面倒を見るのは学年主任の私でした。優しい言葉を掛けたって聞くもんじゃないし，どう働き掛けてものれんに腕押し。彼は，２，３時間ふて寝をするとムクッと起き上がり，その後はまるで何事もなかったかのようにニコニコしているのですが，それまではひたすら辛抱の付き添いです。

　ある時，彼のふて寝写真を整理していたら，彼が泣いていることに気付きました。毎回付き添っていたはずの私は，彼が泣いているなんて知りませんでした。そして，改めて写真を見返してみると，突然，彼の表情から，苦しさ，悲しさ，辛さといった負の感情を読み取れるようになりました。

　この写真は，運動会の練習風景を収めたものです。写真を撮影した時は気付きませんでしたが，後に職員室のパソコンで子供たちの表情観察をしている時に，右端の男子生徒が落ち込んでいるのに気付きました。周囲の生徒に事情を確認すると，ムカデ競走の練習の際に彼の号令のタイミングが合わず，クラスメイトから非難されていたことがわかりました。

その後，私は学級担任と連携し，すぐに本人をフォローをするとともに，周囲の生徒にこの出来事について考えさせることができました。写真を撮ることで一瞬の表情を可視化していなければ，もしかしたら1人の生徒を傷付けたままだったかもしれません。

日頃の自身の授業の様子を写真に収めるのも効果的です。教師と子供が良好な人間関係にある場合，カメラを向けると子供たちは，自然と笑顔でピースサインをするようになります。

また，カメラを向けられた子供だけではなく，その奥や周囲で活動している子供の表情も見逃せません。学習リソースを適切に活用しながら主体的に学んでいるか，対話を重ねながら協働的に学んでいるか，孤立している子はいないかなど，教室でライブで見ていたのでは見落としてしまうであろうことが可視化されるのです。

写真は見る物ですが，読み物でもあります。ただし，文字による読み物と違って，写真だと，それをどう解釈するかはその教師次第ということになります。

学校は，子供に関する情報で溢れています。教師はそれを見て，様々に解釈します。しかし，一瞬で消えてしまう表情や思いを見取るのは容易ではありません。だからこそ，子供たちの様子を写真に収め，その一瞬の表情から思いを解釈し，フィードバックに反映させることは大切です。

05 次の一歩を後押しする「問いかけ」

　スクールフィードバックを支えるスキルの締めとして，「問いかけ」の技術を取り上げます。**問いかけとは，「相手に質問を投げかけ，反応を促進すること」**（『問いかけの作法—チームの魅力と才能を引き出す技術』安斎勇樹，ディスカヴァー・トゥエンティワン，2021）です。問いかけは，スクールフィードバックほど意図的・計画的ではないものの，フィードバックの一種であり，見取りや可視化の技術によって得られた子供の解釈に基づき，教師がその場で行うものです。

　少し具体的に説明しましょう。例えば，「昨日，家で何を勉強しましたか？」と教師が問いかけたとします。この質問に，子供たちは記憶を振り返って，算数を勉強した，英語を勉強した，あるいは勉強しなかったなどと考えるはずです。この問いかけで，子供たちは**「記憶を思い出す」**という反応をします。

　次に，「1年前の今日，家で何を勉強したかな？」と教師が問いかけたとします。すると，子供たちは連絡帳や生活記録ノート，スマホなどを見るでしょう。つまり，この質問で**「記録を調べる」**という反応が促進されます。

　さらに，「家ではどんな勉強方法がありますか？」と問いかけたとします。すると子供たちは，心当たりがあれば**「知識を披露する」**でしょうし，心当たりがなければ**「情報を検索する」**かもしれません。

　最後に，「結局，最も効果的な勉強方法って何ですか？」と問いかけたとします。この問いかけは，今までの「記憶」「記録」「知識」「情報」という手掛かりだけでは答えられそうにないので，もしかすると，悩んでしまう子もいるでしょう。そんな時は，「ちょっと難しい質問でしたね。質問を変えます。あなたにとっての最も効果的な勉強方法を教えてくれますか？」と追加の質問をします。すると，子供たちは気が楽になって自分の経験を振り返

り，自分なりの答えを出すでしょう。つまり，問いかけが**「価値観を内省する」**機会をつくり出したのです。

　このように，同じ「勉強」に関する質問でも，**相手から様々な反応を引き出すのが問いかけのスキルです。子供たちは，教師の問いかけに答える中で，自分の頭の中で浮遊する思考に光を当て，考えを明確にしたり，問題を発見したり，今後の行動への指針をもったりする**ようになります。

　『やる気に火がつく問いかけメソッド』（図書文化，2022）の著者，加藤史子さんは，「子どものときに良質な問いかけに出合えば，その「問いかけ」が心の中の指針となって，生涯を通して導くことができます。指導者が子どもたちにどのような問いかけをするかは，とても重要なことなのです」と述べています。

　では，子供たちの反応を促進する，良質な問いかけとはどういったものなのでしょう。以下に分類してみます。

「問いかけ」の分類

本心に気付く問いかけ	・どうありたい？ ・本当はどうしたい？ ・何で憶えられたい？
心の状態を切り替える問いかけ	・好きなことは何？ ・やっていて楽しいことは？ ・何が実現したらうれしい？
気付きを与える問いかけ	・可能性はゼロではないよね？ ・考えていることのどこまでが現実でどこまでが想像だと思う？ ・怒りの感情の奥にはどんな気持ちがあるの？
大切なことを伝える問いかけ	・頭の中の言葉をどんな言葉に変えると落ち着く？ ・リラックスしている時の呼吸はどんな感じ？

視点が変わる問い かけ	・相手は何を望んでいたんだろうね？ ・もっと楽しみながら宿題をするにはどんなことができ 　る？
輝かしい未来に目 が向く問いかけ	・もっと素敵な人が現れた時どんな自分で出逢いたい？ ・夢が実現した未来の自分は今の自分に何と言うだろう？
認識が変わる問い かけ	・落ち込んでいるということは，それだけ成長したいとい 　うことでもあるよね？ ・つまずくのは前に進んでいる証拠だよね？
選択できることを 伝える問いかけ	・こういう未来とこういう未来，どっちがいい？
心の扉を開く問い かけ	・どんな食べ物が好き？ ・好きな遊びは何？
比喩を活用する問 いかけ	・天気が悪いのは自分のせいだと思う？　人の機嫌も天気 　と同じかもしれないよ？ ・悔しさはバネになるとは思わない？
クイズをして興味 を引く問いかけ	・あると思えばあって，ないと思えばなくなるもの何だと 　思う？ 　　　　　　　　　　　　　　　　　　　※答えは「自信」
問題を解決に導く 問いかけ	・本当はどうしたかったの？ ・本当に望む結果に近づくためには今と違う何ができるか 　な？ ・その中で何を選ぶ？ ・選んだことを行動に移すと，未来はどう変わる？
ポジティブな暗示 になる問いかけ	・これからどのようにできるようになっていくかな？ ・どのように予想を上回っていくだろうね？

『やる気に火がつく問いかけメソッド』（加藤史子，図書文化社，2022）より引用・作成

これらの問いかけは，互いに関連していて，１つの問いかけの中に複数の要素が入っています。

　問いかけの可能性は無限です。ですので，これらを参考にしながら，自分なりに問いかけスキルをアップさせることが，自分自身の指導力向上につながります。

　心理学には，外的コントロールと内的コントロールという考え方があるそうです。

　外的コントロールとは，相手をコントロールするために，批判，叱責，脅迫，懲罰，褒美等でつることです。

　内的コントロールとは，自分と相手の違いを尊重しながら，相手を勇気づけたり，支援したりすることです。つまり，**問いかけとは，相手が本当に望んでいることに気付かせながら，自ら動き出せるように導く**，まさに内的コントロールなのです。

　かのドラッカーは，「未来のリーダーは問いかける。過去のリーダーは教える」と言ったそうです。もし私たち教師が，子供の様子をしっかりと見取り，可視化の技術で見えないものまで見た上で，子供の中にあるものを引き出すような問いかけを自由自在に使いこなせたなら，私たちも「未来の教師」になれるかもしれません。

手間暇をかけず，AI にはできない教育を

　これまでの日本の教育は，教師が教科指導，生徒指導，部活動指導等を一手に引き受け，子供の人格形成に大きな役割を果たしてきました。

　次の「諸外国における教員の役割」を見れば，これがよくわかります。

　この表では，教員が「担当とされているもの」に○を，「部分的にあるいは一部の教員が担当する場合があるもの」に△を，「担当ではないもの」に×を付けています。

諸外国における教員の役割

象限		I				II		III	
業務 ＼ 国名		アメリカ	イギリス	中国	シンガポール	フランス	ドイツ	日本	韓国
児童生徒の指導に関わる業務	登下校の時間の指導・見守り	×	×	×	×	×	×	△	×
	欠席児童への連絡	×	×	○	○	×	○	○	○
	朝のホームルーム	×	○	○	○	×	×	○	○
	教材購入の発注・事務処理	×	×	△	×	×	×	△	○
	成績情報管理	○	×	△	○	○	○	○	○
	教材準備（印刷や物品の準備）	○	×	○	○	○	○	○	○
	課題のある児童生徒への個別指導，補習指導	○	×	○	○	○	○	○	○
	体験活動の運営・準備	○	×	○	○	○	○	○	○
	給食・昼食時間の食育	×	×	×	×	×	○	○	○
	休み時間の指導	○	×	○	△	×	○	○	○

	校内清掃指導	×	×	○	×	×	×	◎	○
	運動会，文化祭など	○	○	○	○	×	○	◎	○
	運動会，文化祭などの運営・準備	○	○	○	○	×	○	◎	○
	進路指導・相談	△	○	○	○	×	○	◎	○
	健康・保健指導	×	×	○	○	○	○	△	○
	問題行動を起こした児童生徒への指導	△	○	○	○	○	×	◎	○
	カウンセリング，心理的なケア	×	×	○	○	○	×	△	×
	授業に含まれないクラブ活動・部活動の指導	△	×	○	△	×	△	◎	△
	児童会・生徒会指導	○	○	○	×	×	○	◎	○
	教室環境の整理，備品管理	○	×	△	○	○	○	◎	○
学校の運営に関わる業務	校内巡視，安全点検	×	×	○	×	×	○	△	×
	国や地方自治体の調査・統計への回答	×	×	△	×	×	○	△	×
	文書の受付・保管	×	×	△	×	×	○	△	×
	予算案の作成・執行	×	×	×	×	×	×	✕	×
	施設管理・点検・修繕	×	×	△	×	×	×	✕	×
	学納金の徴収	×	×	○	×	×	×	△	×
	教師の出張に関する書類の作成	×	×	△	×	×	×	✕	×
	学校広報（ウェブサイト等）	×	×	△	×	×	○	◎	×
	児童生徒の転入・転出関係事務	×	×	○	×	×	×	△	×
外部対応に関わる業務	家庭訪問	×	×	○	×	×	×	◎	△
	地域行事への協力	○	○	△	×	○	×	△	△
	地域のボランティアとの連絡調整	×	×	△	×	×	○	△	×
	地域住民が参加した運営組織の運営	△	×	×	×	×	△	△	×

※3か国以上の国で△又は×が選択されている業務はアミで表示
（「学校組織全体の総合力を高める　教職員配置とマネジメントに関する調査研究報告書」国立教育政策研究所，2017より）

これを見て間違いなく言えることは，日本の先生方は，世界で一番頑張っているということです。

　しかし，こうした献身的教師像を前提とした学校教育は，すでに機能不全に陥っています。

　私は，先生方の業務を大幅に減らし，給与を大幅に上げるべきだと考えています。仮に，それらの両方が実現されたとしても，先生方の労働環境はまだ満足なものとは言えないでしょう。

　いつまで先生方の善意に甘え，いつまで限界の見えているこの世界を放っておくのか…。

　これを誰に訴えていいのかわからず，憤りが募るばかりです。

　しかしだからといって，座して死すことに甘んじていたのでは，この国が滅んでしまいます。

　先生方の負担を増やさず，手間暇をかけなくても教育の質を上げる方法はないか。そう考え続けて私なりに出した答えの1つが，本書のテーマ「スクールフィードバック」です。

　スクールフィードバックを実践するために準備することは何もありません。効率性を高めるために，最低限の知識・技能を習得することは望まれますが，あとは日々，自らの意識を変えようと努力することだけです。

　AIが台頭した今，教師も，AIが得意なことはAIに任せつつ，浮いた時間を利用して，スクールフィードバックのような生身の教師でなければできないことを実践して，付加価値のある教育を提供する必要があります。

　笑った顔に悲しさを見たり，無表情にやる気を見たりできるのは，私たち魂の宿った教師にしかできないことです。

　人間のこだわりや温かみを具体的に表現し，人間にしかできない魅力的な教育を展開することで，共に教師の価値を高めていきましょう。

第5章

スクールフィードバックを生かす【実践編】

SCHOOL
FEED
BACK

00 ┃ スクールフィードバックを実践してみよう

■ INTRODUCTION

　この演習では，本レポートの序章で紹介された5人の「ヤバイ先生」の事例をデフォルメ（対象を変形させて表現すること）して取り上げ，その対応方法を検証します。

　これによって，本学園の先生方の変容や成長の程度を確認することができるでしょう。

　「ヤバイ先生」の事例に対する対応が浮かばない場合は，以下の「スクールフィードバック検証のポイント」を参考にしてもらいます。

　これは，これまで学んできた内容を簡単にまとめたもので，今回行う演習の指針となるものです。

スクールフィードバック検証のポイント

ポイント	説　明
観	教師としての見方・考え方である「観」に歪みがないかを検証する。
見取り	子供の外面に表れた事実から，子供の内面を理解する「見取り」ができているか検証する。
フィードバック	「双方向・3時間軸・4レベル」を意識したフィードバックがなされているか検証する。
その他	子供を「承認」し，「間違いや失敗を歓迎する」姿勢があるかなどを検証する。

大海原を航海するには羅針盤（レーダー）が必要ですが，以前の学園の先生方には，そういったものが全くありませんでした。

　自分の経験と勘を頼りに，感情に流されるまま，勝手に荒波に突き進んでいたような印象があります。

　でも，現在は一通りの研修を終えた段階です。

　先生方には「スクールフィードバック検証のポイント」を羅針盤に，どこに，どう向かうべきか，具体的に検証してもらいましょう。

　ところで，アルベルト・アインシュタインは，次のような言葉を残しています。

Information is not knowledge.

情報は知識ではない。

The only source of knowledge is experience.

知識とは唯一経験から得られるものである。

　研修に参加すること自体に大きな意味はなく，実際に行動する中で，研修で学んだことを確かなものにしていくことに意味があります。

　そして，確かなものにした知識やスキルを，子供たちに還元してこそ価値が生まれます。

　本研修の目的は，スクールフィードバックを通して，学校改革を実現することでした。

　これには，先生方の変容が不可欠です。

　しかし，多くの先生方には個人特有の指導のクセがあり，この指導のクセを正して新たな方法にチャレンジするには勇気がいります。

　また，当然うまくいかないこともあり，不安に駆られながら新しい方法を継続するにはストレスがかかるものです。

　過去の自分を変えるということは，かくも難しいものですが，学園の先生方ならきっとやってくれると，私は信じています。

「毒教師」の対応を検証

　はじめに，いわゆる「毒教師」と呼ばれる教師の対応について考えます。まずは，次の事例を見て課題をあぶり出し，自分ならどう対応するか考えてみましょう。

「毒教師」の具体的事例

　A先生は，経験豊富で統率力があります。でも，日常的に子供の発達を阻害するようなネガティブな言葉，いわゆる「毒語」を多用し，子供の人格までも傷付けます。昨日は，忘れ物をして怯えているB君に対して，こんな言葉を言い放ちました。

　「どうすればこんなに忘れられるの？　小学生でもこんなに忘れませんから。もう勝手にしたら。このままじゃ，あなたのことを誰も相手しなくなるから。あなたのように約束を守らない人とは，誰も付き合いたくないもん。ま，いいや。何回言ってもムダだし。もう好きにして。バイバーイ」

	「毒教師」の特徴をおさらい
特徴	・子供や保護者のことを嘲笑ったり，揶揄したりする。 ・自分のことはさておき，子供の失敗には容赦ない。 ・子供や保護者の悪口を言って職場の雰囲気を壊す。
口癖	・何回言ったらわかるの？　頭悪いんじゃない？ ・そんなことサルでもしないよ。動物以下だね。 ・もう，うんざり。もう，いい。私の前に二度と現れるな。 ・バカ！　アホ！　まぬけ！　民度が低い！

検証「毒教師」

①「観」の視点から検証

　子供や保護者のことを小バカにするような姿勢をとるということは，子供観・教師観・指導観などあらゆる「観」が歪んでいる可能性が高いです。

②「見取り」の視点から検証

　B君が忘れ物をした事実だけを責めていますが，まずはその背後にある忘れ物をしてしまう原因を見取る努力が必要です。

③「双方向・３時間軸・４レベル」の視点から検証

　B君の怯える姿は，子供から教師に発せられたフィードバックですが，A先生はそれに気付いていません。また，A先生にしても，過去にばかりこだわらず，フィードフォワードで「今後，忘れ物をしたらどうするか」など未来の視点を子供と共有するべきです。

④「その他」の視点から検証

　バカ，アホなどの言葉は，B君の存在を否定しているようなものです。こうした指導は，指導死を引き起こしかねないと認識すべきです。

　「毒語」は子供たちの心をえぐり，人の顔色をうかがう人間を育てます。また，職場に与える悪影響も強いため，管理職の強い指導が必要です。

　このケースでA先生が行うべきことは，①なぜ忘れ物をするのか，②どうすれば忘れ物をなくせるか，③今後忘れ物をしたらどうするか，についてB君と一緒に考えてあげることです。そして，今後も忘れ物をするであろうB君に粘り強く寄り添いながら，その都度，振り返りの手伝いをし，長い目で人を育てる視点をもつことです。

「ネグレクト教師」の対応を検証

　次に，いわゆる「ネグレクト教師」と呼ばれる教師の対応について考えます。この先生も問題が多そうですね。

「ネグレクト教師」の具体的事例

　Dさんは，C先生の一番のお気に入りの子供です。Dさんは，先生の言うことをなんでも聞くし，勉強も一生懸命で，おまけに学校のルールもちゃんと守る真面目な子です。

　ある日，総合的な学習の時間で地域の文化施設を訪問するために，学年をオープンにして班決めをすることになりました。博物館担当のC先生は，Dさんがてっきり自分のグループに来ると思いきや，美術館担当の他の先生のグループに行ったことを知りました。すると，DさんはC先生から露骨に無視をされ，まるで自分がいないように扱われてしまいました。

　Dさんは，純粋に絵が好きだから美術館を選んだだけなのに，その選択を後悔しました。Dさんは，今も神経をすり減らして学校生活を送っています。

	「ネグレクト教師」の特徴をおさらい
特徴	・特定の子を無視する（まるでいないように扱う）。 ・必要な指導や称賛を行わない。 ・成長を価値付けない。
口癖	・あなたには何を言ってもムダだとわかりました。 ・じゃあ，もういいです。好きにしてください。 ・帰っていいよ。バイバーイ。 ・先生はもう知りませんので，どうぞご自由に。

検証「ネグレクト教師」

①「観」の視点から検証

「自分は子供のために頑張っている」という思いが強いため，自分の思い通りにならない子供を攻撃してしまう歪んだ特性が見られます。

②「見取り」の視点から検証

C先生は，日頃の見取りからDさんの絵画好きを把握し，むしろC先生が積極的に美術館コースを勧めるのがあるべき対応だと思います。

③「双方向・3時間軸・4レベル」の視点から検証

C先生は自分の思いを発信していますが，それはフィードバックとは言えません。もっと子供の気持ちを受け止め，感情的にではなく，教育的なやり取りを心掛けるべきです。

④「その他」の視点から検証

子供を無視することは教育ネグレクトであり，C先生はそれが子供の精神的落ち込みや心理的危機を引き起こす原因になると気付いていません。

C先生には，自分が行っている行為が教育ネグレクトだと気付かせるべきです。教師が子供を無視するなどあってはいけないことで，それはまさに教師による「いじめ」です。教師が子供にすべきことは，その選択を尊重し，その行為を承認すること。そうすることで，子供の心理的安全は保たれます。

幸い，C先生は子供をかわいがったり懸命に関わろうとしたりする気持ちはあるようです。今の指導スタイルでは逆に子供の気持ちが離れてしまうことを理解してもらい，子供の声を生かしながら，子供の気持ちに寄り添って指導をするしなやかな指導方法を身に付けてもらう必要があります。

03 「熱心な無理解教師」の対応を検証

　次は,「熱心な無理解教師」と呼ばれるタイプの教師の事例を見てみます。理論を伴わない熱心さは, 時に危険を伴うのです。

「熱心な無理解教師」の具体的事例

　若手のE先生は, 通常の学級の担任です。E先生は頑張り屋で子供思いのため, 少々厳しくとも熱心に一人ひとりの指導に当たっています。

　その学級には, 発達障害のあるFさんという子供がいました。Fさんは書くことに困難を抱える学習障害があり, 字を書くのに時間がかかる上, 文字の大きさがバラバラで誤字脱字も目立ちます。

　熱心なE先生は, Fさんを指導するために座席を教卓の目の前に移し, 授業中の個別指導に力を入れていました。また, 毎日昼休みを潰してはFさんに付き合い, 粘り強くノート指導を行いました。

　そうしているうちに, Fさんはある日からパタリと学校に来なくなりました。Fさんは,「E先生がいるうちは学校に行かない。なんで自分だけ休み時間に遊べないんだ」と言って, 不登校になってしまいました。

	「熱心な無理解教師」の特徴をおさらい
特徴	・熱意はあるが, 子供理解の不足が甚だしい。 ・子供を「直し・変え・正そう」として状況を悪化させる。 ・得意なこと伸ばすより, 不得意なことを直そうとする。
口癖	・本気で子供の将来を考えるなら, 〜するべきだ。 ・今のうちに〜させないと, この子が将来困ることになる。 ・私がこんなに頑張っているのに, あなたたちは〜。

検証「熱心な無理解教師」

① 「観」の視点から検証

　特別な支援が必要な子には，本人・保護者の教育的ニーズに合った合理的配慮が必要なのに，個人の教育観を押し付けているように感じます。

② 「見取り」の視点から検証

　E先生は，Fさんが授業中や休み時間で見せていたであろう苦痛のサインを見逃していたと予想されます。

③ 「双方向・3時間軸・4レベル」の視点から検証

　特別支援の場合，双方向にプラスして，保護者や関係機関といった多方面からの情報を統合する必要があります。また，過去の指導を引き継ぎながら，本人・保護者と一緒に将来について考え，そこから今必要な支援を導き出す必要があります。

④ 「その他」の視点から検証

　E先生は，Fさんのことをしっかり承認していたと思います。だからこそ，一生懸命指導もしていたと思います。しかし，残念ながら完全に特別支援教育の見地に欠けていました。

　E先生が熱心で人柄がいいのは認めましょう。しかし，そもそも，発達障害が引き起こす問題を指導で直そうとする考えは誤りです。特別支援教育では，障害のある子供の自立と社会参加を見据え，一人ひとりの教育的ニーズに応えるために，多様で柔軟な仕組みを整備することが重要です。E先生は，熱心なだけでは何も解決しないということに早く気付き，適切な指導を行う中でフィードバックを機能させる方法を学ぶべきです。

「カリスマ教師」の対応を検証

　次に，「カリスマ教師」の検証です。このタイプはBDK（部活動大好き教師）と呼ばれる，部活に命をかけた教師によく見られます。

「カリスマ教師」の具体的事例

　「担当教科はバスケ，分掌もバスケです」と自称するバスケ部顧問のG先生は，バスケットボール部を全国大会にも導いたことがある名指導者です。

　G先生は常々「夢・友情・努力」の大切さを熱く語り，みんなの心を1つにするには「規律」が大切だと説きます。G先生による一方的なミーティングは1時間を超えることもざらで，そんなG先生を周囲は「教祖様」と揶揄しています。

　G先生はこれまで，部活動をエサに子供を服従させてきましたので，結局，G先生の言うことしか聞かない子供を育ててきました。こうした指導には，校内で度々批判の声が上がりましたが，「グダグダ言うくらいなら，俺以上のことをやってみろ」と，G先生は意に介しません。

　保護者の間では，熱烈な支持者がいる一方，青春のすべてを部活動に捧げるやり方に疑問を呈する保護者も相当数います。

	「カリスマ教師」の特徴をおさらい
特徴	・「夢・友情・努力」や自分の「武勇伝」について語る。 ・大物風を醸し出し，「教祖様」や「独裁者」と呼ばれる。 ・自分の好きなことにしか力を注がない。
口癖	・黙って俺の言った通りにやればいいんだ。 ・俺はお前たちのことを誰よりも知っている。 ・俺はお前たちのために，自分をこんなに犠牲にしている。

検証「カリスマ教師」

① 「観」の視点から検証

　G先生に情熱があるのはわかりますが，その情熱は自分の目的達成のために注がれているような気がします。子供を中心に考える教育観があれば，子供中心の練習がなされているのではないでしょうか。

② 「見取り」の視点から検証

　こうした指導者の下では，子供は弱音や本音を吐きづらいものです。ミーティングの際にも，教師への完全なる注目を要求されます。これで，子供の本心など見取れるわけがありません。

③ 「双方向・3時間軸・4レベル」の視点から検証

　スポーツ分野では，スクールフィードバックが効果的に機能します。特に，3時間軸・4レベルのフィードバックは子供の内省力を高めるはずなのですが，このケースではG先生の感覚にすべてが支配されているようです。

④ 「その他」の視点から検証

　G先生の言うことを聞かないと，自分の存在を否定されてしまうという不安感が子供を支配しているように見えます。

　G先生は，いまだに自分を頂点とする垂直型の組織をつくろうとしていますが，今後はこうした「教える者」と「教わる者」といった構図では，教育は成り立たないでしょう。学校教育の主体は子供なのですから，教師はそれに伴走する存在として，必要な時に支援し，教え，励ます存在へと生まれ変わるべきです。G先生は，教師の役割の変容に気付いていないようですので，このままだと再び勝利の美酒に酔うことはないでしょう。

05 「激おこ教師」の対応を検証

　最後は「激おこ教師」の検証です。近年，アンガーマネージメントの必要性が叫ばれるようになったのも，こんな教師が増えたからでしょう。

「激おこ教師」の具体的事例

　H先生は日頃から威圧的な雰囲気があり，いったんキレてしまうと罵倒が止まないと有名です。同僚だろうが子供だろうが，ところかまわず怒鳴り散らします。

　今日は，日頃から落ち着きのないIさんが何度も手遊びを注意され，とうとうH先生の怒りが爆発しました。先生は我を忘れて，「クズ」「カス」のような言葉で罵倒しました。授業後，Iさんはあまりのショックで保健室に駆け込み，そのまま教室に戻れませんでした。

　この話を聞いた教頭先生はH先生と面談をしましたが，言い訳ばかりして反省の色がありません。しかし，穏やかに諭していくと，H先生は次第に目に涙を浮かべ，「私だってわかってます。本当はどうにかしたいと思っているんです」と言い，声を上げて泣き出してしまいました。

	「激おこ教師」の特徴をおさらい
特徴	・感情の起伏が激しく，高圧的態度で人を萎縮させる。 ・不安があると，むしろ強気な態度で押し通そうとする。 ・失敗すると言い訳ばかりし，謝ることができない。
口癖	・何回言えばわかるの？ ・どうして～できないの？　どうすればできるようになるの？ ・私は悪くない。私は間違っていない。

検証「激おこ教師」

①「観」の視点から検証

　もしかすると，本人なりに教育に対する何かしらの観があるのかもしれませんが，自分でも抑えきれない怒りの感情に帳消しにされています。

②「見取り」の視点から検証

　見取りによって，子供の手遊びが止まらない理由をわかろうとするべきです。いろいろな原因が考えられるのに，それを明らかにせぬまま怒鳴り散らすのは残酷です。

③「双方向・3時間軸・4レベル」の視点から検証

　手遊びを強引に直そうと思っても，すぐにはできない話です。それよりも，自分の行動を振り返る習慣を付けることが大切で，教師はその手助けをする役割を担うべきです。

④「その他」の視点から検証

　H先生本人も，自分の感情を制御できていない自覚があるように感じます。だから，声を上げて泣き出してしまったのではないでしょうか。

　H先生がまずするべきことは，手遊びがもたらすデメリットについてIさんに教えてあげることです。その上で，本人が授業を振り返ることを支援し，自主的に手遊びを直そうとする姿勢をIさんから引き出すことです。

　最近は，ＨＳＰの子供が教師の強い指導を見て学校に来られなくなるケースも増えています。H先生は，アンガーマネジメントなどを学び，感情を制御する必要があります。H先生は，教頭先生に承認してもらうことでようやく本心が見えました。H先生も，同じことを子供にしてあげればいいのです。

FINAL REPORT

私立青果学園の研修成果と今後の展望

コンサルティング第三部　チーフコンサルタント　ガーリック

〔　要　約　〕

1　序章

　私立青果学園は，かつては名門校として多くの人々に愛されていたが，近年は教育の質の低下が顕著で，その名声はすっかり地に落ちていた。そんな学園に再び希望の光が差したのは，穏やかながらも熱い情熱と強い決意をもったナガイモ校長が着任したからである。ナガイモ校長は，学園凋落の原因は教師にあると喝破し，それを改善するために当事務所にコンサルテーションと研修会の開催を依頼した。

2　ヤバイ先生たちの本質

　私立青果学園は，かつては優秀な人材を輩出する名門校であった。しかし，時代の変化，他校の台頭，そして何より，それまで学校全体を正しい方向へ導いてきた実力ある教師の定年退職に伴い，一気に教育の質が低下した。現在在籍する教師は，多様性や包摂性を受け入れる素養にやや欠けているのが問題だった。しかし，決して情熱ややる気がないわけではなく，むしろ成果を出せない自身の実力不足に薄々気付きながら，それが焦りとなって子供に対する高圧的な態度となって表れていたものと想像される。

3　「観」と「見取り」の研修がもたらした変化

　コンサルテーションの結果，直ちに問題点として把握されたのが，本学園

教師の望ましい「観」の欠如であった。子供観，教育観，指導観等が歪んでいては，目の前の実態も歪んで見える。教師にとって必要なのは，何よりも子供の可能性を信じる優しい「観」である。そうした観がなくては，子供たちが隠している辛さ，苦しさ，悲しさといった本質は見えない。校内研修では，こうした見えないものを見るための「可視化の技術」に時間を費やし，教師の「見取り」感度の向上に努めた。その結果，教師はようやく子供の実態を把握し，それを好意的に解釈できるようになった。ある教師の「過去の自分が恥ずかしい」という言葉に代弁されるように，現在は，学校全体として，過去の学園の体質を反省している。

4　スクールフィードバックで子供が成長

　本案件の肝となったのが，スクールフィードバックの研修である。具体的には，「双方向・3時間軸・4レベル」の視点を参考にしたフィードバックのスキルを学んだことで，教師は，子供が自身を客観視できるような多彩な「情報通知」を行えるようになった。また，どうすれば目標に近づけるかという「立て直し」を子供に考えさせたり，あるいは教師も一緒になって考えるようになったことで，子供をより主体的な学習者へと変容させた。こうした変化は徐々に学校に浸透し，今では校内は活気に溢れている。来校初日，校内のあちこちで聞こえた怒鳴り声は，今では全く聞くことがない。

5　まとめ

　私立青果学園は，ナガイモ校長のリーダーシップで輝きを取り戻した。教師の意識改革が功を奏し，教師が醸し出していた悪い雰囲気は一掃された。子供たちは明るさを取り戻し，みんなが学校生活を楽しめるようになった。また，教師が真に子供を尊重した指導を行う姿を見て，保護者や地域が再び学校を信頼するようになった。現在，私立青果学園は再び魅力的な学校として復活し，多くの児童生徒が入学を希望するようになった。ナガイモ校長と先生方によるこの学校再興の物語は，今後，末永く語り継がれていくだろう。

校長先生からの手紙

　一連のフィードバック研修を終えてしばらくした頃, 青果学園のナガイモ校長から次のような手紙が届きました。

ガーリック様

　この度は, ガーリック様のお力添えにより, 本校が生まれ変わりました。今, 改めてその変化に思いを馳せ, 感謝の気持ちでいっぱいです。

　スクールフィードバックの研修は, 本校教師の「観」を変え, それによって「見取り」の力が養われました。その結果, 子供たちの自尊心や自信を高めることに意識が向くようになり, 今では双方向・3時間軸・4レベルによる「スクールフィードバック」が当たり前のように行われています。

　現在の本校は温かい雰囲気に包まれ, 子供たちは笑顔で学校に通うことができています。保護者からの苦情もほぼなくなりました。先生方は子供たちを大切に思い, 何より, 子供たちが教師のことを信頼するようになったことが感動的です。

　私自身, 「困った子」は「困っている子」との信念をもって教育を行ってきましたが, それは, 実は教師も同じだったことがわかりました。

　このような変化をもたらしたスクールフィードバックの効果はすばらしく, 私の想像以上でした。今後, 日本中の先生方がスクールフィードバックのスキルを習得され, 日本中の子供たちが明るく楽しい学校生活を送れることを祈っています。

青果学園校長　ナガイモ

どうやら私は, また1つ, 学校を立て直してしまったようです。

おわりに

　スクールフィードバックは，「双方向・３時間軸・４レベル」を基本に展開されるものであり，その中でも「双方向」の重要性，つまり子供と先生とのギブアンドテイクの関係が大切であると，本書では度々強調してきました。

　かく言う私が，皆さんからのフィードバックを無視したのでは，立つ瀬がありません。ここはいかに厳しいご指摘があろうとも，それを甘んじて受け入れる覚悟はあります。

　本書では，私から皆さんに多くのことをフィードバックさせていただきました。今後は，皆さんからのフィードバックを真摯に受け止め，子供のため，先生のため，そして日本の教育のために，これから自分ができることをしっかりと考えていきたいと思います。

　結びになりますが，本書の上梓にあたり，多くの方々に感謝申し上げたいと思います。

　まずは，日本一働きやすくてやりがいのある職場と自負する青森県教育庁東青教育事務所の，私が入所以来関わっていただいたすべての上司，同僚の皆様。校正等を手伝ってくださった英語教育関係の同志。本書の執筆を勧めていただいた明治図書様，とりわけ編集に際して温かな対応をしてくださった新井皓士様。最高にキュートなイラストを提供してくださった vege.pop 様。日々，わがままな私を支えてくれる大切な家族。これらすべての方々に対して，衷心より感謝申し上げます。

　そして，本書の完成品は，真っ先に，父の墓前と母に捧げたいと思います。

2023年７月

佐々木紀人

参考文献一覧

・ジョン・ハッティ著，山森光陽監訳『教育の効果—メタ分析による学力に影響を与える要因の効果の可視化』図書文化社（2018）

・ジョン・ハッティ，グレゴリー・イエーツ著，原田信之訳者代表他『教育効果を可視化する学習科学』北大路書房（2020）

・ジョン・ハッティ，クラウス・チィーラー著，原田信之訳者代表他『教師のための教育効果を高めるマインドフレーム—可視化された授業づくりの10の秘訣』北大路書房（2021）

・ジョン・ハッティ，レイモンド・スミス編著，原田信之訳者代表他『スクールリーダーのための教育効果を高めるマインドフレーム—可視化された学校づくりの10の秘訣』北大路書房（2022）

・平野朝久著『はじめに子どもありき　教育実践の基本』東洋館出版社（2017）

・平野朝久編著『「はじめに子どもありき」の理念と実践』東洋館出版社（2022）

・嶋野道弘著『学びの哲学　—「学び合い」が実現する究極の授業』東洋館出版社（2018）

・中原淳著『はじめてのリーダーのための　実践！フィードバック—耳の痛いことを伝えて部下と職場を立て直す「全技術」』PHP研究所（2017）

・中原淳著『フィードバック入門—耳の痛いことを伝えて部下と職場を立て直す技術』PHP研究所（2017）

・ヴィランティ牧野祝子著『国際エグゼクティブコーチが教える　人，組織が劇的に変わる　ポジティブフィードバック』あさ出版（2022）

・本間正人著『叱らなくても部下の心をつかむ方法—「ニュートラル・フィードバック」で仕事が10倍スムーズになる！』フォレスト出版（2012）

・難波猛，MBビジネス研究班著『ネガティブフィードバック　嫌われても，

きちんと伝える技術』まんがびと（2021）
・スター・サックシュタイン著，田中理紗，山本佐江，吉田新一郎訳『ピア・フィードバック—ICT も活用した生徒主体の学び方』新評論（2021）
・ダグラス・ストーン，シーラ・ヒーン著，花塚恵訳『ハーバード あなたを成長させるフィードバックの授業』東洋経済新報社（2016）
・マーカス・バッキンガム，アシュリー・グッドール著，辻仁子訳『フィードバックの誤謬—批判も称賛も成長にはつながらない』ダイヤモンド社（2019）
・奥野一成著『ビジネスエリートになるための教養としての投資』ダイヤモンド社（2020）
・和泉伸一著『フォーカス・オン・フォームと CLIL の英語授業—生徒の主体性を伸ばす授業の提案』アルク（2016）
・加藤史子著『やる気に火がつく問いかけメソッド』図書文化社（2022）
・川上康則著『教室マルトリートメント』東洋館出版社（2022）
・安斎勇樹著『問いかけの作法—チームの魅力と才能を引き出す技術』ディスカヴァー・トゥエンティワン（2021）
・柳川範之，為末大著『Unlearn（アンラーン） 人生100年時代の新しい「学び」』日経 BP（2022）
・大村はま著『教えるということ』共文社（1973）
・国立教育政策研究所「学校組織全体の総合力を高める 教職員配置とマネジメントに関する調査研究報告書」（2017）

【著者紹介】

佐々木 紀人（ささき のりひと）

青森県教育庁東青教育事務所。指導主事。
1976年青森県平内町生まれ。神田外語大学卒業。1997年北京師範大学留学。2016年外務省派遣によりポートランド州立大学 Teacher Training Program 修了。学校勤務の際には12年間一日も欠かさず学年・学級通信を発行。
著書に，『目指せ！英語授業の達人　短時間で効果抜群！英語4技能統合型の指導＆評価ガイドブック』（共著，明治図書），『英語嫌いをなくす！生徒をぐいぐい授業に引き込む教師のスゴ技』（学陽書房），『英語教育』「英語につまずいた生徒が前を向く指導Q&A」（リレー連載，大修館書店），『佐々木多門伝　世界と戦った風雪の英語人』（東奥日報社），『The Story of Tamon Sasaki』（共著，青森公立大学）などがある。

〔本文イラスト〕vege.pop

「見取り」と「評価」がゼロからわかる
スクールフィードバック入門

2023年9月初版第1刷刊　Ⓒ著　者　佐　々　木　　紀　　人
　　　　　　　　　　　　発行者　藤　原　光　政
　　　　　　　　　　　　発行所　明治図書出版株式会社
　　　　　　　　　　　　http://www.meijitosho.co.jp
　　　　　　　（企画）新井皓士（校正）吉田　茜
　　　　〒114-0023　東京都北区滝野川7-46-1
　　　　振替00160-5-151318　電話03(5907)6701
　　　　　　ご注文窓口　電話03(5907)6668
＊検印省略　　　　　　組版所　日本ハイコム株式会社

本書の無断コピーは，著作権・出版権にふれます。ご注意ください。

Printed in Japan　　　　　　ISBN978-4-18-311335-1
もれなくクーポンがもらえる！読者アンケートはこちらから
→